DIOS *Y EL* TRABAJO

Fundamental, humilde y conmovedor: es mi opinión sobre este libro. Fundamental, porque presenta el manual de los principios bíblicos para tu trabajo. Como dice un trabajador de la ciudad en el prólogo: «¡Lo que yo habría dado por tener el beneficio de este libro al comienzo de mi vida laboral !». Humilde, porque John Lennox ha desempeñado dos trabajos simultáneamente durante los últimos cincuenta años: académico en Oxford y apologista. Me estremezco al pensar en lo arduo que debió de ser su esfuerzo, de modo que por experiencia personal sabe de lo que habla. Y, por último, conmovedor por las advertencias sobre la pereza y la explotación entre aquellos que se dedican a la labor cristiana a tiempo completo.

Rico Tice
Ministro principal (evangelista), All Souls, Langham Place, Londres

Con la precisión de un matemático, el doctor Lennox presenta una gama de factores empresariales que desearía haber leído antes de iniciar mi propia empresa hace treinta y cinco años. Los beneficios que se obtendrán de la lectura de este libro multiplicarán el éxito empresarial de manera exponencial. Mi consejo es: ¡lee este libro y asimila sus mensajes!

Mark Lanier
Fundador de The Lanier Law Firm y Lanier Foundation, Houston, Texas

JOHN C. LENNOX

DIOS *Y EL* TRABAJO

RIQUEZA Y SABIDURÍA EN LA VIDA DEL CREYENTE

PATMOS

TGC | COALICIÓN

Dios y el trabajo: Riqueza y sabiduría en la vida del creyente

Publicado por Editorial Patmos,
Miramar, FL 33027.

Publicado originalmente en inglés por Christian Focus Publications Ltd, Geanies House, Fearn, Ross-shire, IV20 1TW, Great Britain, con el título *A Good Return: Biblical Principles for Work, Wealth and Wisdom* © 2023 John C. Lennox.

Traducido por Loida Viegas.
Revisado por Regina Romano.
Diseño de portada e interior por Adrián Romano.

ISBN: 978-1-64691-458-6
ISBN: 978-1-64691-459-3 (eBook)

Categoría: Vida cristiana / Trabajo

Impreso en Brasil | *Printed in Brazil*

CONTENIDO

Me gustaría agradecer a las muchas personas que han contribuido a mi reflexión sobre este tema a lo largo de los años, incluidas varias generaciones de estudiantes que han asistido a mis clases.

En particular, estoy agradecido a Akeel Sachak por escribir el prólogo y a Rico Tice y Mark Lanier por sus generosos elogios.

También agradezco al Profesor David Cranston y a Simon Pillar por sus valiosos comentarios.

PRÓLOGO

Lo que yo habría dado por tener este libro al principio de mi vida laboral como banquero, en lugar de hoy, cuando estoy mucho más cerca del final de mi vida laboral. Me pregunto cómo podría haber hecho las cosas de manera diferente. En cambio, he recorrido la mayor parte de mi vida laboral sin respuestas claras a las preguntas que John aborda en este libro. He tenido el privilegio de conocerlo durante muchos años y me ha asombrado la forma en que Dios ha utilizado su formidable intelecto, su sólida comprensión bíblica y su talento como escritor para llevar la enseñanza de Dios desde las Escrituras, y abordar muchas de las preguntas y de los problemas de nuestra época.

En este libro, John ha plasmado sus ideas de una manera refrescante y estimulante sobre un tema con el que he luchado durante mucho tiempo como cristiano. A menudo se nos intenta persuadir de que nuestra vida laboral tiene poco que ver con el plan y los propósitos de Dios, y que la parte de nuestra vida orientada a Él se define por lo que hacemos fuera del trabajo, a pesar de que pasamos la mayoría de nuestras horas de vigilia en el trabajo, tanto en cuerpo como en mente. John desenreda brillantemente la abundante enseñanza bíblica sobre cómo debemos ver nuestro trabajo y cómo Dios lo percibe en el contexto de Su plan de creación. Desde esa perspectiva, John aborda de manera metódica y exhaustiva las innumerables cuestiones y preguntas con las que el trabajo nos confronta a diario, mientras que a menudo nos conformamos con no responderlas, o con responderlas con poco rigor bíblico.

Me resulta increíblemente fortalecedor y alentador entender que nuestro deseo de trabajar, que ocupa tanto de nuestras vidas, es un aspecto fundamental de la forma en que Dios nos ha creado. Me hace pensar en mi trabajo y su propósito de manera muy diferente, cuando reflexiono sobre el hecho de que es parte de haber sido creado a imagen de Dios, cuyo propio trabajo se demuestra suprema y magistralmente en Su creación. También significa que, cualquiera que sea lo que la Nueva Creación nos tenga reservado, no implicará el cese del trabajo como tampoco lo hizo antes de la Caída; esto, una vez más, cambia mi perspectiva sobre el trabajo.

Un ámbito de gran confusión para mí, y sin duda para muchos trabajadores cristianos, proviene de la incapacidad de distinguir entre el propósito primario, o motivación, y lo que se debería ver como el propósito secundario, o resultado, de nuestro trabajo. John analiza esto con su característico rigor, y nos ayuda a tener claridad sobre por qué trabajamos y cómo ver nuestro trabajo en el contexto del plan de Dios para nuestras vidas, especialmente en lo que respecta al llamado de Dios para que proclamemos el evangelio.

Hace poco había llegado a la conclusión de que mi trabajo era lo que Dios me había llamado a hacer como servicio a Él. Sin embargo, igual que muchos otros cristianos, percibía mi llamado a servir a Dios en un entorno secular como un ministerio de segunda clase en comparación con aquellos llamados a servir en una iglesia. Es increíblemente fortalecedor descubrir que no existe base bíblica alguna para esta herejía. Leemos innumerables pasajes en las Escrituras que pueden llevarnos a todo tipo de callejones sin salida. Es como suponer que la parábola del rico insensato o la parábola del joven rico deben entenderse de manera simplista como exhortaciones bíblicas a regalar toda nuestra riqueza si de verdad queremos seguir a Jesús o, en el otro extremo del espectro, imaginar que si nuestra salvación es solo por gracia, por medio de la fe, lo que hacemos con nuestro dinero no tiene relevancia eterna alguna, por lo que podemos hacer con él lo que queramos.

John también aborda la cuestión crucial de dónde debemos invertir la riqueza que nuestro trabajo genera, para promover la gloria de Dios. Este es un tema que ha estado muy cerca de mi corazón durante muchos años. Siento la responsabilidad de ayudar e, incluso, de convencer y persuadir a la generación actual de cristianos a entender y responder al desafío de ser mecenas del evangelio. Dios ha utilizado a patrocinadores cristianos a lo largo de la historia de la iglesia para asociarse con aquellos llamados a proclamar Su Palabra y a edificar Su iglesia, y para proveerles los recursos necesarios. Como es obvio, lo uno no sería posible sin lo otro, y esto transforma nuestra forma de ver a aquellos llamados a trabajar para apoyar a otros en el ministerio.

Recomiendo este libro a todos y cada uno de los que están involucrados en un tipo de trabajo en el que son tentados a pensar que lo que están haciendo es una necesidad de este mundo sin consecuencia eterna. Recomiendo este libro a aquellos que piensan que su trabajo es una consecuencia de la Caída, y no parte de la manera en que Dios quiso que viviéramos. Recomiendo este libro a aquellos que creen que los frutos de su trabajo les pertenecen a ellos y no a Dios. Recomiendo este libro a aquellos que piensan que su trabajo no puede ser parte del plan de salvación de Dios para el mundo. Para todas estas personas, este libro será un desafío sorprendente a su forma actual de pensar sobre el trabajo, la riqueza y Dios.

Akeel Sachak
Socio y Director Global de Consumo, Rothschild & Co.

PREFACIO

La pandemia del coronavirus ha provocado un cambio radical en el mundo laboral. Muchas personas que consideraban que sus empleos eran seguros, especialmente en los sectores de la hospitalidad, el ocio y los viajes, se han encontrado de repente sin trabajo y, por ende, incapaces de pagar sus facturas y sostener sus hogares y a sus familias. Otras muchas personas, en particular aquellas en los sectores de la salud y del cuidado, se han visto sometidas a un agotamiento extremo, desarrollando todo tipo de síntomas de salud mental bajo la presión implacable de ayudar a los enfermos y moribundos. La ética del trabajo ha cambiado con un movimiento masivo hacia el trabajo desde casa o a ser suspendidos temporalmente de sus funciones por períodos considerables, sin garantía alguna de tener un empleo al cual regresar. La pandemia también trajo a la luz otro problema: la necesidad de replantear la proximidad de los trabajadores en su espacio de trabajo para mantener un grado saludable de distanciamiento social.

No solo eso, sino que la invasión de Ucrania por parte de Rusia ha interrumpido el suministro de energía, sobre todo en Europa Occidental, y el precio de la energía, del combustible y de otros muchos productos se ha disparado, dejando a millones de personas luchando por primera vez para llegar a fin de mes. El miedo y la incertidumbre acechan a muchos hogares, dado que la estabilidad laboral y de los ingresos se ha perdido.

Más aún, de forma constante se produce un avance implacable de la tecnología, con la robótica y la inteligencia artificial absorbiendo muchos empleos que antes se consideraban seguros en ámbitos como la logística, el transporte, la manufactura, el marketing, la banca, el derecho, la medicina, la educación y muchos más. Esto ha llevado a que se discutan cada vez más escenarios, no solo de desempleo, sino también de no empleabilidad. Los trabajos más en riesgo de ser automatizados son aquellos que involucran tareas rutinarias como la contabilidad, el trabajo secretarial y el de los obreros en las fábricas. Sus actividades altamente repetitivas y predecibles se programan hoy con facilidad en máquinas eficientes, que pueden operar las veinticuatro horas del día, los siete días de la semana, y que no requieren pago alguno una vez adquiridas.[1]

Aristóteles vislumbró este problema siglos atrás. En el año 350 a. C. escribió: «Porque si cada instrumento pudiera realizar su propio trabajo, obedeciendo o anticipando la voluntad de otros, como las estatuas de Dédalo o los trípodes de Hefesto, que según el poeta, "por su propia cuenta entraron en la asamblea de los dioses"; si, de igual manera, la lanzadera tejiera y el plectro tocara la lira sin una mano que los guiara, los principales artesanos no necesitarían sirvientes ni los amos esclavos».[2]

En la película de 2016 *The Future of Work and Death* [El futuro del trabajo y de la muerte], Gray Scott, un futurista y tecnofilósofo, afirmó que hasta un tercio de los empleos en Estados Unidos podrían ser reemplazados por robots o sistemas automatizados para el año 2025. El doctor Stuart Armstrong, del *Future of Humanity Institute*, añadió que los menos vulnerables son aquellos con habilidades interpersonales y creatividad, como coreógrafos, gerentes y trabajadores sociales. Su estudio estimó que hasta el 47 % de todos los empleos en los Estados Unidos podrían ser reemplazados para el año 2036.

A la luz de esto, no es de sorprender que el tema del Futuro del trabajo haya ingresado en la academia convencional, a medida que las sociedades luchan con la tarea de garantizar empleo para sus ciudadanos, reconociendo que en ciertos ámbitos, las cosas nunca

---

[1] Para más información sobre la Inteligencia artificial, ver mi *2084: Artificial Intelligence and the Future of Humanity*, Grand Rapids: Zondervan, 2020.

[2] *Politics*, Londres: Penguin, 1992, Libro 1, Parte 4.

volverán al estado anterior a la pandemia. Por ejemplo, según encuestas globales de *McKinsey Consumer Pulse*, alrededor de tres cuartas partes de las personas que utilizaron canales digitales por primera vez durante la pandemia afirman que continuarán haciéndolo, si las cosas regresan a algún tipo de normalidad, y en cuanto lo hagan. Esto significa que las habilidades digitales tienen una gran demanda, una circunstancia que crea dificultades en países donde existe una infraestructura educativa o técnica limitada para dotar a las personas de esas habilidades.

No es un momento fácil para un gran número de personas. Cada visión del mundo tiene su propio enfoque hacia el trabajo, por lo que es importante que aquellos de nosotros que nos adherimos a la visión cristiana estemos familiarizados con lo que enseña sobre el trabajo que, por encima de todo, está dignificado porque Dios mismo ordenó que los seres humanos lo realicen.

Soy muy consciente de que existen muchos libros sobre la perspectiva bíblica del trabajo. No obstante, casi cada vez que he impartido una charla sobre estos temas, alguien ha sugerido que recopilara el material en un libro. Tras una larga duda, me he tomado ese estímulo en serio. Una de las razones de mi duda es que nuestras experiencias laborales son muy variadas. He sido profesor universitario y matemático investigador durante la mayor parte de mi vida, con un interés especial en la filosofía y la ética. Al mismo tiempo, he estado involucrado en la enseñanza bíblica y en la defensa pública de la fe cristiana, así como en una activa vida familiar. Por lo tanto, creo que, en el lado positivo, poseo cierta comprensión de las presiones que conlleva mantener un equilibrio entre la docencia, la investigación, los compromisos organizacionales, pastorales y familiares, aunque algunas de estas actividades sean especializadas.

Sin embargo, usted, el lector, puede sentir con cierta justificación que tengo poco conocimiento directo de las presiones laborales a las que podría enfrentarme si, por ejemplo, es agricultor, abogado, cirujano, fontanero, constructor, contable, minero, cocinero, marinero, ama de casa, madre soltera, piloto de aerolíneas, banquero de inversiones, oficial de policía, funcionario público, o cualquiera de las otras diez mil cosas que podría ser, incluido el desempleo. Dicho esto, la experiencia me ha enseñado que los problemas reales que enfrentamos como cristianos en el lugar de trabajo, ya sea en el hogar, la fábrica o la oficina, tienen mucho en común. Por lo tanto, mi intención es discutir los principios bíblicos que he encontrado útiles en mi propio trabajo, con la esperanza de que pueda ajustarlos para aplicarlos a su propia situación.

Una motivación adicional para escribir ha sido que, a lo largo de los años, he conocido a demasiados cristianos que se sienten decepcionados porque sus iglesias muestran poco o ningún interés en lo que ellos, como miembros fieles, hacen en su lugar de trabajo, el ámbito en el que probablemente pasen la mayor parte de su tiempo, ya sea en su hogar o fuera de él. Peor aún, algunos miembros comprometidos de la iglesia se sienten como cristianos de segunda clase, quedando rezagados en comparación con aquellos que están en lo que se denomina «trabajo cristiano a tiempo completo». Por otro lado, que la salvación sea por la gracia de Dios y no dependa de nuestro mérito o logro, puede llevar a otros a formarse la errónea opinión de que nuestro trabajo tiene muy poca importancia eterna.

En una famosa conferencia titulada *Why Work?* [¿Por qué trabajar?], pronunciada durante la guerra en 1942 y que sigue siendo muy recomendable, Dorothy L. Sayers abordó con fuerza el primero de estos problemas: «En nada ha perdido la Iglesia su contacto con la realidad como en su fracaso para entender y respetar la vocación secular. Ha permitido que el trabajo y la religión se conviertan en departamentos separados, y se sorprende al descubrir que, como resultado, el trabajo secular del mundo se orienta hacia fines puramente egoístas y destructivos, y que la mayor parte de los trabajadores inteligentes del mundo se han vuelto irreligiosos o, al menos, desinteresados en la religión».

«Pero, ¿acaso es asombroso? ¿Cómo puede alguien mantener el interés en una religión que parece no preocuparse por nueve décimas partes de su vida? El enfoque de la Iglesia hacia un carpintero inteligente suele limitarse a exhortarlo a no estar borracho ni ser desordenado en sus horas de ocio y a asistir a la iglesia los domingos.

Lo que la Iglesia debería decirle es esto: que la primera demanda que su religión le hace es que debe hacer buenas mesas».[3]

Deseo alentar a aquellas personas que han experimentado semejante negatividad, mostrándoles que Dios mismo muestra un gran interés en nuestro trabajo precisamente porque este tiene realmente una importancia eterna. La Biblia contiene principios que pueden ayudarnos a resolver muchos de los malentendidos que rodean el tema del trabajo, incluso entre los cristianos.

Imagino que todos nosotros comprenderemos fácilmente la siguiente reacción ante una situación laboral.

> Nosotros, los cristianos, decimos que Dios está en todas partes y que Él es Señor de todo, pero para la mayoría, la realidad honesta es que nuestro trabajo y los mercados parecen estar sumamente desprovistos de Dios y de Su propósito. Vamos al trabajo con valentía y regresamos a casa desalentados. ¿Cuál es el lugar y el propósito del trabajo? ¿Hay algo sagrado en el trabajo secular? ¿Tiene significado el mercado? ¿Es nuestro gran destino simplemente comer, beber y dejar detrás un plato vacío?

Fue la declaración sincera y honesta de un cristiano que vivía y trabajaba en Singapur. Cristianos de muchas partes del mundo podrían hacerse eco de ella. Todos la entendemos. Piensa en esto por un momento: si empiezas a los veinte años y te retiras a los sesenta y cinco, habiendo trabajado cuarenta horas a la semana, durante cuarenta y dos semanas al año, habrás realizado ochenta mil horas de trabajo. Esto equivale a poco más de nueve años de tu vida. ¿Es Dios relevante en todo esto, o simplemente tenemos que aceptar que la mayoría de nosotros necesitamos trabajar para vivir, de manera que hay que seguir adelante?

Hace muchos años, durante la época de la Guerra Fría, me encontraba en el lado oriental del infame muro de Berlín, conversando

[3] https://malyonworkplace.org.au/wp-content/uploads/2013/12/Wht-Work-Dorothy-Sayers-Essay.pdf

con jóvenes. Un joven expresó su envidia por mi posesión de un pasaporte que me permitía viajar tanto al Este como al Oeste. De alguna manera, comenzamos a discutir sobre la fe cristiana, y él me dijo que no le impresionaba. Afirmó que el comunismo era claramente muy superior al cristianismo, ya que era una ideología que tenía algo que decir sobre todos los aspectos de la vida. Tenía una filosofía de la historia, de la política, de la literatura, del arte, de la educación y del trabajo. Le parecía que, en comparación, el cristianismo ocupaba muy poco espacio y tiempo en la vida de una persona: una hora más o menos los domingos y, tal vez, si estabas muy comprometido, otra hora a mitad de semana. «Tu cristianismo», comentó, «es mucho menos que una ideología. Es poco impresionante e inútil. ¿Por qué se lo tomaría alguien en serio cuando exige tan poco?».

Nunca lo he olvidado. Porque me di cuenta de que, en la práctica, algunas personas que profesan el cristianismo dan la impresión de que su fe en Dios está restringida a ciertos ámbitos, es limitada en el tiempo, no exige mucho y tiene poco o nada que decir sobre la vida diaria en su conjunto. Lo que ese joven alemán del Este me señaló fue, y sigue siendo, un desafío para mí y para todos los creyentes cristianos: poner nuestras vidas en orden y despertar al hecho de que el cristianismo, incluso más que el comunismo, nos ofrece orientación para todos los aspectos de la vida. En particular, tiene mucho que enseñarnos sobre esa gran parte de la vida que se ocupa del trabajo.

En su conferencia *Why Work?* citada más arriba, Dorothy Sayers se refirió a una charla anterior que había impartido: «Lo que insté entonces fue una revolución total en nuestra actitud hacia el trabajo. Pedí que no se considerara como una tarea necesaria que se debe soportar con el propósito de ganar dinero, sino como una forma de vida en la que la naturaleza del hombre debería encontrar su ejercicio y su deleite adecuados, y así realizarse para la gloria de Dios». Esta es una visión completamente bíblica. En Génesis leemos: «Dios el SEÑOR tomó al hombre y lo puso en el jardín del Edén para que lo cultivara y lo cuidara».[4] El término hebreo usado

[4] Génesis 2:15.

aquí para cultivar es *avodah*. Es el mismo término que usa Moisés: «El SEÑOR ordenó a Moisés: «Ve a advertirle al faraón que así dice el SEÑOR: "Deja ir a mi pueblo para que me rinda culto».[5] Esto significa que los conceptos de trabajo en el sentido ordinario y el servicio a Dios están tan estrechamente relacionados en la mente hebrea que se usa la misma palabra para ambos. La misma idea se repite en el Nuevo Testamento. Pablo escribe: «Hagan lo que hagan, trabajen de buena gana, como para el Señor y no como para nadie en este mundo, conscientes de que el Señor los recompensará con la herencia. Ustedes sirven a Cristo el Señor».[6] Aquí, la palabra para servir está relacionada con el término griego *doulos*, que significa esclavo o siervo. Es este vínculo estrecho entre Dios y el trabajo lo que deseamos examinar en detalle.

Sobra mencionar que lo que tengo que decir no mejorará necesariamente tus perspectivas laborales. Tampoco encontrarás las respuestas a todas tus preguntas ni las soluciones a todos tus problemas en estas páginas. Cuando yo era más joven, como muchos otros, imaginaba que resolvería la mayoría de los problemas de la vida antes de los treinta años, y luego comenzaría a vivir. Le expliqué esto a alguien mayor y más sabio, quien me dijo que no había entendido nada: luchar con los problemas de la vida y resolverlos es vivir. Desde entonces, he encontrado esa perspectiva esclarecedora y liberadora a la vez.

La Biblia no es un manual lleno de soluciones para cada problema imaginable que cualquiera de nosotros pueda afrontar. Principalmente, nos proporciona principios que pueden moldear nuestra vida, desarrollar nuestro carácter y ayudarnos a madurar y a adquirir más experiencia en el enfrentamiento de los desafíos de la vida. Por lo tanto, discutiré la enseñanza bíblica sobre el propósito y el significado del trabajo, con la esperanza de trazar una perspectiva y principios cristianos útiles sobre cómo el trabajo encaja en una visión más amplia e integrada de la vida. He añadido un apéndice sobre los principios bíblicos para el apoyo al evangelio.

---

[5] Éxodo 8:1.

[6] Colosenses 3:23-24.

Veremos que desarrollar una mentalidad cristiana sobre el trabajo está íntimamente relacionado con el crecimiento de un carácter cristiano y que, en sí mismo, es un atributo que ciertamente será útil tanto en las solicitudes de empleo como, por supuesto, en el desempeño del trabajo. El libro no necesita leerse necesariamente de manera lineal: el lector puede ir directamente a un tema de interés particular y ponerse al día con el resto más adelante.

Preguntas

1. ¿Cómo han afectado la pandemia y la crisis energética a tu actitud hacia el trabajo?
2. ¿Te preocupa que el avance de la tecnología afecte tu trabajo, o piensas que la tecnología ofrecerá una nueva gama de empleos? ¿Considerarías cambiar de trabajo debido a la revolución tecnológica?
3. ¿Se interesa tu iglesia en lo que haces durante la semana? De no ser así, ¿por qué lo crees, y qué podrías hacer para mejorar la situación?
4. ¿Te «diriges al trabajo con valentía y regresas desalentado»? Si es así, ¿qué podría ayudarte a mitigar esto?
5. Debate la afirmación de Dorothy Sayers respecto a que «nuestro trabajo no debería considerarse como una tarea necesaria que se realiza con el propósito de ganar dinero, sino como una forma de vida en la que la naturaleza del hombre debería encontrar su ejercicio y deleite adecuado, y así cumplir con su propósito para la gloria de Dios».

Resumen del libro

Capítulo 1. La creación y el Sabbat

La primera referencia al trabajo en la narrativa bíblica es el trabajo original de Dios al crear los cielos y la tierra, en una secuencia de días, seguido por un descanso que se convierte en un modelo para la semana laboral humana. Discutimos el ciclo trabajo-descanso, en particular el significado y la relevancia del Sabbat en el mundo contemporáneo. Concluimos reflexionando sobre el estatus del día de reposo para el cristiano y la importancia de la doctrina teológica de la salvación por la fe en Cristo, y no por obras de mérito personal.

Capítulo 2. La motivación

En este capítulo desglosamos la enseñanza principal de Jesús sobre la motivación para el trabajo y la vida que se encuentra en el Sermón del Monte. Comenzamos con tres preguntas clave: ¿dónde invertimos? ¿cómo vemos el mundo? y ¿a qué maestro servimos? La primera y la tercera están relacionadas con el dinero; la del medio tiene que ver con la percepción, y en relación con estas, recurrimos a algunos trabajos recientes fascinantes sobre la estructura y función del cerebro humano.

Nuestra forma de responder a esas preguntas afectará a nuestros niveles de ansiedad en la vida en general y en el trabajo en particular. Jesús emite un mandato radical y, en el contexto de satisfacer nuestras necesidades diarias, nos instruye a buscar primero el reino de Dios y Su justicia, y veremos que nuestras necesidades serán satisfechas. Exploramos lo que esto significa diferenciando, mediante ejemplos, entre el objetivo del trabajo y sus subproductos o resultados.

Capítulo 3. Buscar el reino de Dios

Comenzamos el capítulo explorando más a fondo el significado de buscar el reino de Dios en el trabajo diario, estudiando la experiencia de la pesca milagrosa de Pedro, registrada en Lucas 5. Luego pasamos a lo que la Biblia dice sobre la moralidad, el dinero, el poder y el sexo en el lugar de trabajo. En particular, analizamos los ejemplos de José y Nehemías para destacar las presiones que el trabajo puede ejercer sobre nosotros.

Capítulo 4. ¿Secular o sagrado?

El relato de la transición de Pedro, en el capítulo anterior, de pescador a pescador de hombres y mujeres, nos lleva ahora a examinar la noción generalizada de que existen dos clases de cristianos: aquellos que ganan su sustento en empleos seculares y aquellos que están empleados a tiempo completo por la iglesia, considerándose estos últimos superiores a los primeros. Por lo tanto, investigamos esta idea en su totalidad y encontramos que es errónea y poco útil, en contraste con la idea bíblica del trabajo como vocación.

Capítulo 5. Patrones del evangelio

Desde el principio, el progreso del evangelio en el mundo ha dependido en gran medida de la generosidad de los creyentes. Jesús y sus discípulos fueron apoyados en su ministerio itinerante por un grupo de mujeres creyentes, y la misión de Pablo en Europa fue facilitada por una mujer de negocios, Lidia. A lo largo de los siglos, el patrocinio del evangelio, tanto por parte de cristianos ricos como pobres, se ha practicado como una gracia cristiana de dar. Damos ejemplos de esto y examinamos algunos de los principios involucrados.

Sin embargo, existen diferentes tipos de riqueza, incluso más importantes que la riqueza monetaria; piensa en la riqueza intelectual y espiritual de Pablo. Analizamos cómo se han unido diversas formas de riqueza para mantener el ímpetu del evangelio.

Capítulo 6. Gestión de la riqueza

Aunque existen muchos tipos diferentes de riqueza, la Biblia tiene mucho que decir sobre cómo deben relacionarse los creyentes con la riqueza material. Jesús mismo enseñó al respecto en varias parábolas memorables, que discutimos para descubrir los principios que ilustran: el rico insensato, el hijo pródigo, el mayordomo deshonesto y el rico y Lázaro.

Concluimos el capítulo examinando el encuentro entre Jesús y Zaqueo, el recaudador de impuestos.

Capítulo 7. Recompensas eternas

Jesús enfatizó constantemente que existe una conexión entre lo que hacemos en esta vida y nuestra experiencia en el mundo venidero. Aunque la entrada al cielo no puede ser por el mérito de nuestras obras, tanto Jesús como sus apóstoles enseñaron que habrá recompensas de diversos tipos, no solo por el trabajo que hemos hecho para el Señor, sino también en relación con el carácter que hemos desarrollado. Examinamos los principios que operarán en lo que se llama el tribunal de Cristo y explicamos sus implicaciones para nuestra forma de ordenar nuestra vida en la tierra.

Apéndice A. Principios de apoyo al evangelio

En esta sección examinamos en mayor detalle los principios bíblicos que gobiernan el respaldo del evangelio, principios tanto para el dador como para el receptor.

Apéndice B. Percepciones de la neurociencia

Aquí desarrollamos de manera adicional las importantes ideas de Iain McGilchrist, perfiladas en el capítulo 2, sobre el funcionamiento de los dos hemisferios cerebrales que constituyen el cerebro humano.

CAPÍTULO 1

LA CREACIÓN Y EL SABBAT

El trabajo fue idea de Dios. Génesis nos cuenta cómo comenzó todo. Lo primero que nos enseña sobre Dios, que es fundamental para toda la narrativa bíblica, es que Él es un trabajador que creó y, a la vez, ordenó el mundo, y lo hizo de tal manera que nos proporcionó el patrón universalmente familiar de una semana laboral: seis días de actividad, seguidos de un día de descanso.[1]

En el sexto día, se nos indica que Dios alcanzó el pináculo de su actividad creativa al hacer a los seres humanos, hombres y mujeres, a Su imagen. La importancia de este hecho no puede sobrestimarse. Por ejemplo, el intelectual y psicólogo canadiense, Jordan Peterson, afirma que esta declaración de Génesis sobre los seres humanos creados a imagen de Dios es esencial para la civilización y los valores occidentales. De ello deduce que: «Cada individuo tiene algo de valor trascendental... Advierto que prescindir de esa idea es un serio peligro para nosotros».[2]

«Los cielos cuentan la gloria de Dios», declara el salmo 19:1. Cada vez que miro la Nebulosa de Orión o la Galaxia de Andrómeda a través de mi telescopio, mi mente se llena de asombro ante su pura magnificencia. Sin embargo, los cielos, aunque gloriosos, no fueron hechos a imagen de Dios. Nosotros, los seres humanos, sí lo fuimos, y eso nos confiere una dignidad y un valor incalculables.

El trabajo de Dios fue crear y ordenar el mundo, y nosotros, que estamos hechos a Su imagen, tenemos el privilegio de ser creadores, aunque en un sentido mucho menor. Esto es cierto para todos

[1] Para una explicación detallada de cómo entender el texto de Génesis 1, ver mi libro *Seven Days that Divide the World*, 10.ª edición, Grand Rapids: Zondervan 2021.

[2] A partir de una segunda lectura sobre Génesis.

nosotros, seamos trabajadores de fábrica, agricultores, maestros, artistas, músicos, limpiadores o amas de casa. Sentimos una sensación de logro al crear y organizar cosas.

Dios colocó a los primeros humanos en un jardín (Edén) y les dio instrucciones de cuidarlo y mantenerlo. El primer trabajo humano sobre el que leemos es, por tanto, la jardinería. Observamos, de paso, que este trabajo era, por razones obvias, no remunerado y será importante no caer en la trampa de imaginar que el único tipo de trabajo que importa es el trabajo remunerado. De hecho, mucho trabajo hoy en día es no remunerado: el cuidado de familias y parientes, y todo tipo de voluntariado individual u organizado en el hogar, la iglesia y en otros lugares, sin el cual muchas economías se desmoronarían.

También aprendemos que el entorno de los primeros humanos tenía el potencial para la realización de muchos tipos diferentes de trabajo. Aparte de los frutos y cultivos producidos por la jardinería, leemos que había cuatro ríos que regaban el jardín, y Génesis 2 describe de manera intrigante lo que encontrarías si siguieras sus cursos. Uno de ellos, por ejemplo, conducía a una región donde había riqueza mineral: se podía encontrar oro, de hecho, oro de buena calidad. Esto nos recuerda la curiosidad humana y las vastas áreas de trabajo que el deseo de conocer el mundo ha abierto: la exploración, la minería, el trabajo con minerales e investigación y el desarrollo de todo tipo. Los seres humanos son seres curiosos, y esa curiosidad impulsa el empleo para millones. Después de todo, ¡me pagaron por investigar las matemáticas puras! Sin embargo, hay justificación para ello porque muchas disciplinas dependen de las matemáticas.

Génesis nos dice que Adán no solo recibió el trabajo físico agrícola de cultivar el jardín, sino que también se le encargó la actividad intelectual abstracta de nombrar a los animales. Asignar nombres a las cosas, darle su título más sofisticado, taxonomía, es una disciplina académica fundamental. «Poner nombre es domesticar», asevera el viejo refrán, y no importa cuán simple o profunda sea nuestra actividad, desde la fontanería hasta la fabricación de aviones, desde el tejido hasta la física nuclear, tenemos que aprender el vocabulario apropiado para esa actividad. Conozco el vocabulario de las matemáticas, pero no la terminología de los mecánicos de automóviles o del tejido, al margen de una o dos palabras.

A medida que la humanidad se multiplicaba, se desarrollaron todo tipo de nuevas actividades al aprender a intercambiar habilidades y comerciar entre sí. Esto sentó las bases de la interdependencia económica de la que dependen las sociedades civilizadas.

Génesis nos enseña que Dios otorgó a los humanos el honor y la dignidad de ser administradores de Su creación. No se les concedió licencia para explotarla y, por ende, destruir el delicado equilibrio de su ecosistema sin considerar las consecuencias de sus acciones. Debían mantenerla y cuidarla (y a sí mismos) de manera responsable como virreyes del Creador. Esta tarea continua es actualmente de máxima importancia, ya que el calentamiento global y el cambio climático amenazan con sumergir al planeta en múltiples catástrofes. Dios está lejos de ser indiferente a la forma en que tratamos al planeta. En Apocalipsis 11, Juan describe la reacción de los veinticuatro ancianos al tomar Dios las riendas del gobierno:

> Tocó el séptimo ángel su trompeta y en el cielo resonaron fuertes voces que decían: «El reino del mundo ha pasado a ser de nuestro Señor y de su Cristo, y él reinará por los siglos de los siglos». Los veinticuatro ancianos que estaban sentados en sus tronos delante de Dios se postraron rostro en tierra y adoraron a Dios diciendo: «Señor Dios Todopoderoso, que eres y que eras, te damos gracias porque has asumido tu gran poder y has comenzado a reinar. Las naciones se han enfurecido; pero ha llegado tu ira, el momento de juzgar a los muertos y de recompensar a tus siervos los profetas, a los que creyeron en ti y a los que temen tu nombre, sean grandes o pequeños, y de exterminar a los que destruyen la tierra». (Apocalipsis 11:15-18)

La última frase muestra con exactitud lo que Dios piensa de aquellos que destruyen la tierra.

Aquella situación original del Edén suena idílica. En ocasiones se alude a él como el *paraíso,* un término derivado del francés, el latín y el griego, a partir de un antiguo término iraní que significa *parque rodeado por un muro.*

Sin embargo, en la actualidad gran parte del trabajo está lejos de ser idílico: parte de él es una rutina repetitiva, otra es muy arriesgada para la vida y la integridad física, y otra es horriblemente explotadora, e involucra salarios inadecuados, trabajo infantil e incluso esclavitud, que son una mancha en la humanidad. Hay espinas y cardos en un sentido literal y metafórico por doquier. Existen serios males morales en muchos entornos laborales.

Génesis nos dice que esta circunstancia resulta de un desastre horroroso que arruinó el paraíso del Edén cuando el mal moral, es decir, el pecado, entró en el mundo a través de la desobediencia humana a la palabra de Dios. Ese evento, a menudo denominado la Caída, nos ha afectado a todos de manera evidente. En particular, ha convertido el trabajo en una laboriosa tarea y ha introducido espinas y cardos, literales como metafóricos, en todos los aspectos del mundo. También condujo a la muerte física humana.

Como resultado, cualquier tipo de trabajo puede a menudo volverse frustrante, insatisfactorio, estresante, aburrido, decepcionante y lleno de relaciones complicadas y problemas morales. La letanía de infortunios es interminable. Somos trabajadores dañados que viven en un mundo dañado. De hecho, en tiempos del Nuevo Testamento, muchos creyentes eran esclavos en los hogares romanos y tuvieron que soportar toda la injusticia y el dolor de ese estatus; muchos otros fueron aplastados y explotados bajo regímenes fiscales despiadados, de los cuales, como veremos, Pablo era bien consciente.

Eso no significa que el trabajo no pueda producir nunca alegría, satisfacción o un sentido de realización. Muy por el contrario. Pero está claro desde el principio que no existe garantía de que tengamos satisfacción laboral, aunque seamos creyentes en Dios. No obstante, incluso después de la Caída, el trabajo sigue siendo importante por cuanto *el mismo* no es una consecuencia de ella, como algunos imaginan erróneamente.

No, el trabajo es parte integral del decreto de creación de Dios que ayuda a definir lo que significa ser humano y, por lo tanto, Pablo nos alienta: «Hagan lo que hagan, trabajen de buena gana, como para el Señor y no como para nadie en este mundo».[3]

Vamos avanzando demasiado rápido. Porque, como parte del ciclo de la creación, Dios estableció una institución adicional:

El Sabbat: el ciclo trabajo-descanso

El libro de Génesis describe a Dios como trabajador, dando forma a la creación en seis períodos de actividad seguidos de un séptimo día de descanso.[4] Este patrón de la creación estableció el ciclo de trabajo y descanso para los seres humanos y, por consiguiente, en cualquier consideración del trabajo es importante pensar en la necesidad de tomar un descanso regular de dicha tarea.

La necesidad de descanso físico y psicológico en forma de sueño, cada veinticuatro horas, está incorporada en la naturaleza humana. Según el *Theology of Work Project*, una encuesta realizada por la *American Psychological Association* mostró que más de un tercio de los trabajadores experimenta estrés crónico relacionado con el trabajo, lo que puede conducir a la ansiedad, el insomnio, el dolor muscular, la presión arterial alta, así como a un sistema inmunológico debilitado. Este tipo de estrés también puede aumentar las posibilidades de enfermedades cardíacas, diabetes y depresión. Además, el agotamiento disminuye la habilidad de una persona para manejar las relaciones interpersonales. Los estudios muestran que, cuando alguien está cansado, tiende a malinterpretar las señales sociales de otras personas. Una persona cansada es más propensa a proyectar motivos negativos en los demás y tendrá dificultades para resistir la tentación de reaccionar de manera agresiva. La irritabilidad y la falta de paciencia son síntomas clásicos de una necesidad urgente de descanso y recuperación. Finalmente, la falta de descanso tiene implicaciones espirituales. Dios creó tanto el trabajo

---

[3] Colosenses 3:23.

[4] El lector interesado en profundizar en el asunto de la secuencia de días en el Génesis puede consultar mi libro *Seven Days that Divide the World*, 10.ª edición, Grand Rapids: Zondervan, 2021.

como el descanso, y la negligencia en estas áreas puede alejar a las personas de Él.

Ciertamente necesitamos dormir, pero precisamos algo más que el sueño. La Biblia insistió en un día completo de descanso cada siete días, una regulación que se convirtió en la ley del Sabbat, que era parte del pacto entre Dios e Israel, establecido en Éxodo 20:8-11. Y muchos de nosotros atestiguaremos que el tiempo de descanso puede ser tiempo creativo. Científicos famosos nos informan de que algunas de sus mejores ideas ocurren cuando no están oficialmente trabajando, sino caminando, cruzando una calle o incluso adormecidos junto a una hoguera.

La importancia del Sabbat debe verse particularmente a la luz de la idolatría.

El peligro de que el trabajo se convierta en un ídolo

El trabajo, sea del tipo que sea, puede apoderarse de nuestras vidas y convertirse en un ídolo que lo consume todo, incluso tener prioridad sobre Dios mismo. Es como una bebida intoxicante; hablamos de personas cuyo trabajo es tan absorbente que se convierten en adictos al trabajo, arriesgándose al agotamiento y al colapso mental. Esto puede sucederle a cualquiera, cristiano o no, y uno de los primeros signos es el agotamiento. Los otros dos son el cinismo y la ineptitud. Es algo que sucede con facilidad: llegamos al trabajo temprano y nos quedamos hasta tarde. Llevamos montones de trabajo a casa, continuamos mientras comemos a las apuradas con los teléfonos inteligentes pegados a nuestras orejas y la computadora portatil como prolongación de nuestras manos y ante nuestros ojos; queremos enviar solo un correo más para cerrar ese próximo trato, superar a nuestros competidores o subir al siguiente peldaño en el escalafón. Mientras tanto, la vida familiar descuidada se quema en el altar de nuestro apego idólatra al trabajo. Eso es lo que conseguimos si convertimos el trabajo en un ídolo: nos consume la vida, incluso mientras buscamos encontrar nuestro significado en él. Nos volvemos cínicos ya que, como los ídolos paganos de antaño, el trabajo se ha convertido en un peso abrumador con el que hay que cargar. Por el contrario, si dejamos a Dios, Él está dispuesto a llevarnos en los brazos y hacernos eficaces de nuevo.

Sin embargo, el agotamiento no siempre es el resultado de convertir el trabajo en un ídolo. Algunas personas están sometidas a una presión implacable por parte de otros hasta que la carga se vuelve intolerable. Un estudio de Barna reveló que en 2021, un 38 % consideró renunciar a su ministerio. Un pastor reporta que la constante y desgastante discusión sobre temas relacionados con la pandemia lo ha dejado «como si todos estuvieran al borde del precipicio, listos para irse al menor indicio de que la iglesia no está alineada con sus perspectivas políticas o personales».[5] Este pastor encontró su principal alivio en la hermosa tranquilidad del concepto hebreo *chesed* (bondad amorosa).

De ahí la importancia duradera del Sabbat, cuyo principal propósito era recordarnos que necesitamos descanso regular para recalibrarnos y recuperarnos. De vez en cuando, Jesús invitaba a sus discípulos «Vengan conmigo… y descansen un poco».[6] Negar esto es hacerlo a nuestro propio riesgo. El ex rabino jefe del Reino Unido, Jonathan Sacks, escribe sobre el Sabbat: «Es un día que establece un límite a nuestra intervención en la naturaleza y a nuestra actividad económica. Tomamos consciencia de ser criaturas, no creadores. La tierra no es nuestra, sino de Dios. El Sabbat es un recordatorio semanal de la integridad de la naturaleza y de los límites del esfuerzo humano». Su declaración recuerda una frase memorable de Os Guinness: «El mundo moderno ha alterado tanto las cosas que hoy adoramos nuestro trabajo, trabajamos en nuestro tiempo libre y jugamos a adorar».[7] Es decir, el Sabbat nos recuerda que necesitamos hacer un esfuerzo consciente para ver nuestras vidas en un contexto más amplio que el de nuestro trabajo diario.

Si reconoces que fallas en este aspecto, solo hay una cosa que hacer: ¡detente y descansa! Un conocido evangelista británico comentó

---

[5] Informe de Peter Chis en *Christianity Today*, 2 de febrero 2022.

[6] Marcos 6:31.

[7] Os Guinness, *The Call: Finding and Fulfilling the Central Purpose of Your Life.*

con amargura: «No tomé un día libre y tuve un colapso, y luego recuperé todos los días perdidos de una vez». Dos conocidos evangelistas británicos, John Chapman y Rico Tice, estaban conversando. Rico comentó: «A menudo no me tomo ningún día libre. No tengo tiempo». Chapo respondió: «Si rompemos las leyes de Dios, ellas nos romperán a nosotros».[8]

Gran parte del exceso de trabajo está impulsado por el miedo: miedo a quedarse atrás, a no dar una buena impresión, a decepcionar a la empresa, a perjudicar los resultados financieros. En resumen, miedo al fracaso y al rechazo. Ese miedo actúa como el látigo de un capataz, impulsándonos a un esfuerzo aún mayor y más agotamiento. Por eso es necesario reflexionar sobre una segunda razón para el Sabbat, que se nos da en Deuteronomio 5:15: «Recuerda que fuiste esclavo en Egipto, y que el Señor tu Dios te sacó de allí con gran despliegue de fuerza y de poder. Por eso el Señor tu Dios te ordena respetar el día sábado».

El Sabbat fue concebido como un día de descanso durante el cual Israel tenía la oportunidad de recordar que habían sido redimidos por Dios de los campos de trabajo forzado en Egipto, donde se les obligaba a trabajar horas imposibles sin descanso. Es una triste tragedia que hoy en día los cristianos se vean obligados, o se obliguen a sí mismos, a trabajar de manera excesiva sin descanso. Ellos, o sus empleadores, han olvidado tanto la creación como la redención; es decir, han olvidado que el trabajo debe verse en un contexto más amplio.

Si somos adictos al trabajo, y nos obligamos a trabajar en exceso, necesitamos descansar y reflexionar sobre el hecho de haber sido redimidos.

Tristemente, el concepto de un día de descanso se ha erosionado gravemente en muchos países, ya que las crecientes presiones comerciales permiten cada vez menos tiempo para el recreo y la vida familiar.

La preocupación por el estatus del Sabbat surgió en tiempos del Nuevo Testamento, especialmente en iglesias donde había una

---

[8] Insertado con permiso de Rico Tice.

comunidad mixta de creyentes judíos y gentiles. La observancia del Sabbat amenazaba con convertirse en un problema, ya que era obligatorio para los judíos, mientras que los no judíos no sabían nada al respecto, excepto en la medida en que habían observado las prácticas judías de sus vecinos.

¿Cuál debía ser la actitud cristiana hacia el Sabbat? ¿Debe ser el domingo? Seguramente no, ya que los domingos los ministros y pastores suelen estar ocupados con los servicios religiosos y, por lo tanto, a menudo toman el lunes como su día de descanso. El domingo, para el cristiano, se describe en el Nuevo Testamento como el Día del Señor, el día de la resurrección de Jesús. Esto no tiene nada que ver ni con el trabajo ni con el Sabbat: de hecho, es posible que la Cena del Señor se haya celebrado en la noche después de un día de trabajo. En este sentido, observamos que el Sabbat judío era, y sigue siendo, el sábado.

No hay ordenanza alguna en las Escrituras que señalen que el sábado es el Sabbat para los cristianos, como afirman los Adventistas del Séptimo Día, ni que el domingo debe considerarse ahora el Sabbat, como sostienen algunos de persuasión sabatista que transfieren la prohibición de trabajar para los judíos el sábado y la aplican a los cristianos el domingo.

Para comprender mejor la cuestión de la observancia del Sabbat, es fundamental analizar las enseñanzas de Jesús al respecto. Él preparó el camino para una nueva comprensión de este tema en los Evangelios, en especial a través de su reacción a las acusaciones de violar el día de reposo. Tenemos un ejemplo cuando permitió que sus discípulos frotaran espigas de maíz para comer, como se relata en Mateo 12:1-8, y en el caso de la sanación del hombre nacido ciego, en Juan 9.

En el primer incidente, Jesús defendió firmemente la acción de sus discípulos. Señaló que estaban involucrados en su servicio que consistía, en el sentido más pleno, en el servicio a Dios. Luego citó un precedente del Antiguo Testamento: «¿O no han leído en la Ley que los sacerdotes en el Templo profanan el sábado sin incurrir en culpa?». Jesús añadió: «Sepan que el Hijo del hombre es Señor del sábado». Esta declaración nos indica que, aunque forma parte del pacto de Dios con Israel y, por lo tanto, es obligatorio para Israel, no constituye una ley moral. Por definición misma de las palabras «moral» y «culpa», no se puede violar una ley moral y quedar sin culpa. Esto se vuelve evidente si intentamos sustituir la palabra Sabbat en la declaración de Jesús por cualquiera de las leyes morales contenidas en los diez mandamientos. Por ejemplo, decir que los sacerdotes en el templo roban o cometen adulterio y quedan sin culpa sería moralmente absurdo.

Por cierto, por esta razón se repiten todos los mandamientos morales en el Nuevo Testamento como normas de comportamiento cristiano. En contraste, la ley del Sabbat no es un mandamiento moral y, por ello, su tratamiento en el Nuevo Testamento es diferente.

Pablo, hacia el final de su carta a la iglesia en Roma, compuesta por miembros convertidos al cristianismo, tanto de origen judío como gentil, establece directrices para regular las diferencias de opinión sobre los asuntos de conciencia relacionados con la comida y la observancia de días:

> Reciban al que es débil en la fe, pero no para entrar en discusiones. A algunos su fe les permite comer de todo, pero hay quienes son débiles en la fe y solo comen verduras. El que come de todo no debe menospreciar al que no come ciertas cosas, y el que no come de todo no debe condenar al que lo hace, pues Dios lo ha aceptado. ¿Quién eres tú para juzgar al siervo de otro? Que se mantenga firme o que caiga es asunto de su propio señor. Y se mantendrá firme, porque el Señor tiene poder para sostenerlo.
>
> Hay quien considera que un día tiene más importancia que otro, pero hay quien considera iguales todos los días. Cada uno debe estar firme en sus propias opiniones. El que le da importancia especial a cierto día, lo hace para el Señor. El que come de todo, come para el Señor y lo demuestra dándole gracias a Dios. El que no come, para el Señor se abstiene y también da gracias a Dios. Porque ninguno de nosotros vive para sí mismo ni tampoco muere para sí. Si vivimos, para el Señor vivimos; y si morimos, para el Señor morimos. Así pues, sea que vivamos o que muramos, del Señor somos. Para esto

mismo murió Cristo y volvió a vivir, para ser Señor tanto de los que han muerto como de los que aún viven. (Romanos 14:1-9)

Pablo está escribiendo aquí sobre cuestiones de conciencia, no sobre asuntos morales, y regula la situación con el fin de promover la armonía entre creyentes con diferentes convicciones. Lo importante para Pablo era que los creyentes no se juzgaran mutuamente cuando diferían en su práctica, siempre que no involucrara un principio moral. Algunos creyentes de origen judío seguirían observando el Sabbat de manera consciente y se abstendrían de comer carne de cerdo, mientras que otros, sin la misma conciencia, comerían cerdo y no observarían el Sabbat.

Hicieran lo que hicieran, debían hacerlo para el Señor. Sin embargo, Pablo fue franco al describir al primer grupo como débil en su conciencia y al segundo como fuerte. Estaba insinuando que sus conciencias podrían ajustarse cuando comprendieran que la situación había cambiado desde los tiempos del Antiguo Testamento hasta los del Nuevo. Porque Cristo había hecho «limpios todos los alimentos» en Marcos 7:19, como Pedro tuvo que aprender en Hechos 10. Como resultado, la situación ahora era que cada persona debería estar «plenamente convencida en su propia mente» de lo que hacía.

Ese ajuste de conciencia podría llevar algún tiempo y, dado que vivir una vida piadosa y agradable al Señor no consistía en lo que una persona comiera o bebiera (Ro 14:17), no debían hacer tropezar a sus compañeros creyentes obligándolos a hacer algo sobre lo que aún tenían conciencia. Como ejemplo contemporáneo, si invitara a amigos judíos o musulmanes a una comida, para evitar ofenderlos no serviría cerdo en la mesa, aunque personalmente no me importe comerlo o abstenerme de hacerlo según desee. Mi propio padre, cristiano, tuvo por un tiempo problemas de conciencia respecto a comer cerdo. Sin embargo, igual que le sucedió a Pedro, cambió.

Es necesario mencionar otro punto. Considere los siguientes escenarios.

Escenario 1. Supongamos que me han invitado a predicar en una iglesia de fuertes convicciones sabatistas que incluso prohíben conducir los domingos.[9] Si insisto en que soy libre en Cristo para conducir los domingos y llego a esta iglesia en un auto, podría descubrir que la congregación desaparece en protesta. Por lo tanto, dado que no está en juego un principio moral, yo no lo haría. Como deseo ser libre para predicar el evangelio, sigo el consejo de Pablo y, «para los judíos me hago como judío», por el bien de su conciencia.

Escenario 2. Ahora supongamos que soy un misionero en una comunidad remota. Me entero de que otro misionero desea visitarme. Encantado con la posibilidad de tener comunión con otro colega, lo invito a predicar en nuestra pequeña pero creciente iglesia. Al principio todo va bien. Luego, sin previo aviso, le dice a la congregación que, para ser salvo, una persona debe guardar el sábado. Él no me informó previamente sobre sus fuertes convicciones sabatistas.

En esta situación, yo no opinaría que él tiene razón cuando afirma esto, ya que es simplemente una cuestión de su conciencia. No, sino que me vería obligado a intervenir y señalar que su predicación contradice el evangelio. Es decir, lo que era solo una cuestión de conciencia en el Escenario 1, se ha convertido en un problema doctrinal serio en el Escenario 2. Pues el hombre está enseñando que la salvación debe ganarse, en este caso, mediante la observancia del sábado. Por el bien del evangelio, su punto de vista no puede, por lo tanto, permanecer incuestionable, ya que contradice lo que el evangelio enseña sobre la relación entre el trabajo y la salvación.

A muchas personas les resulta muy difícil comprender este principio del evangelio: que la salvación no depende de nuestro trabajo o mérito. Pues el trabajo, y en particular el trabajo remunerado, está inextricablemente relacionado en la mayoría de nuestras mentes con el mérito. Esperamos recibir una compensación acorde con lo que hacemos. Esperamos ser tratados por nuestros empleadores de acuerdo con nuestro mérito y, si nos esforzamos mucho, esperamos que nuestra relación con colegas y empleadores sea buena.

Esta conexión entre trabajo y recompensa está tan profundamente arraigada que es fácil imaginar que así funciona el mundo en

---

[9] Aunque es raro, iglesias así existen.

todos los ámbitos. Una consecuencia obvia es la idea generalizada, pero falsa, de que la religión en general, y el cristianismo en particular, enseñan que la actitud de Dios hacia nosotros también depende de nuestro trabajo. Si hemos sido buenos y hemos hecho el bien, esperamos ser aceptados en el juicio final, y si hemos hecho el mal... bueno, no queremos pensar en eso.

Las bases y el fruto de la salvación

Sin embargo, no podemos obtener la aceptación y la salvación de Dios por nuestro mérito, ni siquiera por guardar el sábado, o hacer un número determinado de buenas obras. La buena noticia es que recibimos el regalo de la salvación al confiar en el mérito y el trabajo del Señor Jesucristo, quien murió en la cruz para pagar el castigo por nuestros pecados. Como explica Pablo, la salvación es un don de Dios que no podemos ganar, sino que debe ser recibido:

> Porque por gracia ustedes han sido salvados mediante la fe. Esto no procede de ustedes, sino que es el regalo de Dios y no por obras, para que nadie se jacte. Porque somos hechura de Dios, creados en Cristo Jesús para buenas obras, las cuales Dios dispuso de antemano a fin de que las pongamos en práctica. (Efesios 2:8-10)

Por lo tanto, en el Escenario 2 descrito con anterioridad, existe una triste ironía. Convertir la observancia del Sabbat en una buena obra que contribuye a la salvación es, en realidad, un oxímoron, ya que contradice el significado más profundo de lo que el día de reposo representa. Vimos antes que la ley del Sabbat no se *aplica* en su sentido primordial a los creyentes en el Nuevo Testamento. Es cierto, pero sí *se interpreta* para los creyentes en Hebreos 4. El autor cita el pasaje del día de reposo de Génesis 1 y, tras una extensa discusión sobre la naturaleza del descanso, concluye señalando: «Por consiguiente, queda todavía un reposo especial para el pueblo de Dios; porque el que entra en el reposo de Dios descansa también de sus obras, así como Dios descansó de las suyas» (He 4:9-10).

El relato de Génesis nos indica que Dios descansó el séptimo día. Llevó a cabo el trabajo de la creación y después se tomó un descanso. Por lo tanto, heredamos un universo que no creamos, merecemos ni ganamos. Descansamos en el fruto de lo que Dios ha hecho, lo recibimos y lo disfrutamos. El pasaje enseña ahora que entrar en el descanso espiritual de Dios, es decir, recibir Su perdón, Su salvación y Su paz procede de una manera análoga. Como Dios hizo el trabajo de la creación sin nuestra ayuda, también sin nuestra ayuda ha completado la obra de crear un medio para redimirnos, a través de la muerte de Cristo por nuestros pecados en la cruz y Su resurrección. Por lo tanto, para entrar en el descanso de Dios, debemos descansar en el trabajo que Cristo ha hecho, y *no* en el trabajo que nosotros realizamos. Pablo expone este principio de forma cristalina: «Ahora bien, cuando alguien trabaja, no se le toma en cuenta el salario como un favor, sino como una deuda. Sin embargo, al que no trabaja, sino que cree en el que justifica al impío, se le toma en cuenta la fe como justicia» (Ro 4:4-5).

Pablo prosigue añadiendo que nosotros, que hemos recibido la salvación como un regalo al poner nuestra fe en Cristo, somos creados en Él «para buenas obras, las cuales Dios dispuso de antemano a fin de que las pongamos en práctica». Es decir, las buenas obras no son la *base* de la salvación, sino el *fruto* de ella. Dios mismo está preocupado por ver que produzcamos este fruto.

Estos principios son importantes ya que los cristianos tienden a:

1. Volver a imaginar que tienen que ganar el amor de Dios, incluso a través de su «trabajo cristiano». Esto tiene el efecto de producir una existencia sin alegría, deprimente y cargada, una verdadera esclavitud que puede llevar al agotamiento. Esto muestra que no han comprendido el significado del *descanso* sabático.
2. Caer en la idea de que, dado que la salvación de Dios es un regalo gratuito, Él no toma en serio sus «deslices» y, al final, no importa cómo vivan. Esto muestra que no han comprendido la naturaleza de la *redención*.

Si somos personas ocupadas, de hecho, especialmente si lo somos, es necesario recordarnos constantemente que *debemos* hacer lo que hacemos para agradar al Señor, porque Él nos *ha* aceptado. No lo hacemos para impresionarle, para que nos *acepte.* Solo entonces tendremos la actitud correcta respecto a nuestro trabajo.

Ahora bien, hay mucho más en esto. Trabajar para el Señor está relacionado en las Escrituras con la recompensa. Reservamos ese tema para más adelante.

Preguntas

1. ¿Qué significa para ti haber sido creado a imagen de Dios? ¿Cómo se relaciona esto con tu trabajo y cómo lo haces?
2. ¿Crees que «crear y ordenar» es un resumen justo de lo que hacemos? Da ejemplos para ilustrar tu respuesta y compáralos con los de otros.
3. ¿Qué significa ser un mayordomo de la creación?
4. ¿Cuál fue el efecto del pecado en el trabajo? ¿Puedes ver pruebas de esto en tu propio trabajo?
5. ¿Qué significa el Sabbat para ti? ¿Cómo practicas el descanso y la recuperación?
6. «Si rompemos las leyes de Dios, ellas nos romperán». Debate: ¿Has experimentado esto personalmente?
7. Si la salvación es por la gracia de Dios sin obras, ¿por qué deberíamos preocuparnos por cómo trabajamos?

CAPÍTULO 2

LA MOTIVACIÓN

Una encuesta en Alemania, realizada por Focus Magazine, preguntó: ¿Cuál es la motivación más importante para trabajar? Para casi la mitad del grupo encuestado, era el dinero; para menos de la mitad, la satisfacción laboral; y para alrededor de una quinta parte, el compañerismo y la amistad.

¿Es Dios relevante aquí, o simplemente hay algunas personas afortunadas que siempre parecen conseguir los mejores trabajos, disfrutarlos al máximo, y después estamos el resto de nosotros, cuyos momentos de alegría y satisfacción laboral son pocos y distantes entre sí, y nos limitamos a vivir con ello?

Ninguna de estas preguntas es fácil de responder, y sería arrogante por mi parte imaginar que podría encontrar soluciones para otras personas. Por supuesto, no puedo. Cada uno de nosotros es un ser humano, con el deseo innato de florecer, y con ideas muy diferentes de lo que esto podría significar.

Plantear la pregunta de por qué trabajamos puede parecer algo tonto, ya que podríamos pensar que la respuesta es obvia. La mayoría de nosotros necesita trabajar para suplir las necesidades básicas de comida, ropa y vivienda para nosotros mismos y de quienes dependen de nosotros.

Desde una perspectiva intuitiva y bíblica a la vez, la norma es que debemos trabajar para proporcionar estas cosas. Por ejemplo, algunos de los proverbios de Salomón, escritos en el contexto de una sociedad principalmente agrícola, lo dejan claro: «El que trabaja su tierra tendrá abundante comida, pero el que sueña despierto es falto de juicio» (Pr 12:11). O: «El de manos diligentes gobernará; pero el perezoso será subyugado» (Pr 12:24). También: «Todo esfuerzo tiene su recompensa, pero quedarse en las palabras solamente, lleva a la pobreza» (Pr 14:23). Captamos el mensaje; aunque es importante admitir que, según las Escrituras, la pereza no es la única fuente de pobreza; la injusticia y la opresión también lo son: «En el campo del pobre hay abundante comida, pero esta se pierde donde hay injusticia» (Pr 13:23).

Pablo escribe a los cristianos en Tesalónica sobre el peligro de la pereza: «los animamos a... procurar vivir tranquilos, a ocuparse de sus propias responsabilidades y a trabajar con sus propias manos. Así les he mandado para que, por su modo de vivir, se ganen el respeto de los que no son creyentes y no tengan que depender de nadie» (1 Ts 4:10-12). Les recuerda sin rodeos: «Porque, incluso cuando estábamos con ustedes, les ordenamos: "El que no quiera trabajar, que tampoco coma"» (2 Ts 3:10) .

Pablo también le dice a Timoteo que se asegure de informar a los cristianos en Éfeso que: «El que no provee para los suyos, y sobre todo para los de su propia casa, ha negado la fe y es peor que un incrédulo» (1 Ti 5:8).

Los cristianos no deben ser perezosos e inactivos; deben trabajar para proveer para sí mismos y para los que dependen de él. Se presume que por dependientes se entienden aquellas personas incapaces de proveer para sí mismas. No proporcionar lo necesario contradice la fe proclamada en Cristo. Por otro lado, es importante que haya una necesidad real de ayuda y no tan solo una dependencia basada en la pereza que explota la generosidad. No está mal ser discernidor; de hecho, se requiere que lo seamos.

Asimismo, puede haber un serio malentendido en otra dirección. Un triste ejemplo de esto es lo que ocasionalmente ha sucedido cuando los cristianos han aplicado para sí mismos el desafío de Jesús al joven rico, de vender todo lo que tenía y distribuirlo a los pobres.[1] Dejándose a sí mismos y a sus familias sin nada con qué vivir, los familiares no cristianos han tenido que intervenir y ayudar, con el resultado predecible de que se han alejado por completo del

[1] Mateo 19:21, Lucas 18:22.

cristianismo. Analizaremos las palabras de Jesús al joven rico con más detalle más adelante.

El desempleo

Ahora debemos notar con cuánto cuidado se expresa Pablo en la cita anterior: «El que *no quiera* trabajar, que tampoco coma». Es fácil malinterpretar esto, como lo hizo una primera ministra (la dejaremos en el anonimato) al citarlo en una ocasión de la siguiente manera: «Si alguno *no* trabaja, que tampoco coma». Existe una gran diferencia entre *no quiere* y *no hacer*. Tristemente, muchas personas alrededor del mundo desearían tener un trabajo; están más que dispuestas a trabajar, pero no pueden encontrar empleo. Sugerir que no deberían tener comida para comer, porque no tienen trabajo, es muy doloroso; de hecho, cruel. El desempleo puede ser muy angustiante. Recuerdo bien a mi hijo adolescente volviendo a casa en lágrimas, después de otro rechazo laboral, diciendo: «Papá, no me *aceptaron*». Eso fue duro, ya que Dios ha hecho del trabajo parte de lo que (normalmente) significa ser humano, como vimos en Génesis. Así que, cuando no podemos conseguir un empleo, es muy fácil sentirse desvalorizado e indeseado. Aquellos de nosotros que tenemos trabajo debemos estar muy agradecidos por ello, ser comprensivos y solidarios con aquellos que tienen dificultades para conseguir empleo.

También debemos estar muy agradecidos a aquellos de entre nosotros y, de hecho, por cualquier persona que cree empleo para otros. Como profesor e investigador de toda la vida, he ayudado a formar a muchos maestros y, por lo tanto, he creado oportunidades de empleo para ellos, pero he dado empleo directo a muy pocos. Respeto y admiro enormemente a quienes lo hacen. Necesitamos alentar a los emprendedores entre nosotros que no solo crean trabajo para sí mismos, sino también para otros, de modo que sus empleados puedan ir a la cama por la noche, agradecidos por lo que alguien más ha hecho por ellos, algo que no tenían la capacidad de hacer por sí mismos.

La motivación para el trabajo

Ahora llegamos a la cuestión fundamental de la motivación. No siempre es fácil para nosotros descubrir cuál es nuestra verdadera motivación. Una forma que resulta útil es preguntarnos cuáles son nuestros sueños y nuestras pesadillas. Nuestras esperanzas y temores pueden revelar mucho sobre lo que realmente nos impulsa. Y una de esas cosas son nuestros valores. Jesús nos aconseja que reflexionemos profundamente sobre este asunto, en su famoso sermón del Monte:

> »No acumulen para sí tesoros en la tierra, donde la polilla y el óxido destruyen, y donde los ladrones se meten a robar. Más bien, acumulen para sí tesoros en el cielo, donde ni la polilla ni el óxido carcomen, ni los ladrones se meten a robar. Porque donde esté tu tesoro, allí estará también tu corazón.
>
> »Los ojos son la lámpara del cuerpo. Por tanto, si tus ojos son buenos, todo tu ser disfrutará de la luz. Pero si los ojos son malos, todo tu ser estará en oscuridad. Si la luz que hay en ti es oscuridad, ¡qué densa será esa oscuridad!
>
> »Nadie puede servir a dos señores, pues menospreciará a uno y amará al otro o querrá mucho a uno y despreciará al otro. Ustedes no pueden servir a la vez a Dios y a las riquezas. (Mateo 6:19-24)

Aquí existen tres conjuntos de pares: dos mundos en los que uno puede invertir, la tierra y el cielo; dos condiciones del ojo como órgano de percepción, saludable (término que significa *único*) y malo; y dos amos a los que uno puede elegir servir, Dios y el dinero. Estas alternativas suscitan tres preguntas: ¿dónde invertimos? ¿cómo vemos el mundo? y ¿a qué amo servimos? Los contemplamos aquí de manera breve; afloran de vez en cuando a lo largo del libro.

1. ¿Dónde invertimos?

Jesús empieza recordándole a su audiencia que este mundo, aparentemente sólido bajo nuestros pies, no es el único que existe. La tierra es real, pero también lo es el cielo. Una de las afirmaciones centrales que Jesús pronunció fue que había descendido del cielo a la tierra.

Nuestra actitud hacia el trabajo dependerá mucho de que creamos en un mundo o en dos. No todos tienen dinero que invertir, pero todos tenemos tiempo y energía, y capital emocional en términos de amor, cuidado y compromiso, que podemos y, en realidad, *debemos* invertir. Por ejemplo, todos tenemos solo esta cantidad de tiempo y no podemos guardarlo en una caja y ahorrarlo; lo tenemos, por así decirlo, para *gastarlo.* De ahí que la pregunta sea: ¿en qué lo gastamos? La respuesta inmediata es: en cosas que valoramos y que el Señor Jesús llama tesoro. Él nos indica que es posible hacerse tesoro en uno de los dos mundos. Más tarde veremos lo que eso implica.

2. ¿Cómo vemos?

Jesús no solo se refiere al órgano físico de la visión, el ojo, sino al ojo mental, la puerta de la percepción. Un ojo físico saludable ofrecerá una visión clara, mientras que un ojo enfermo distorsionará lo que se ve y proporcionará una imagen imperfecta de la realidad. Cambiando un poco la imagen, el mundo se ve físicamente diferente a través de lentes de diferentes tonalidades, y a un nivel más profundo, la mente percibe el mundo de manera diferente según las «lentes» mentales que adoptamos; en otras palabras, según nuestra visión del mundo. Por ejemplo, el mundo es muy diferente a los ojos cristianos y a los ojos ateos. Aunque el mundo está realmente presente de manera objetiva, existe un sentido en el cual la salud de nuestra visión, cómo prestamos atención, modifica el mundo que vemos.

Los conocimientos de la neurociencia pueden ayudarnos aquí. Cómo prestamos atención al mundo es el tema de una reciente obra magistral en dos voluminosos tomos, del neurocientífico y polímata Iain McGilchrist. Se llama *The Matter with Things: Our Brains, Our Delusions and the Unmaking of the World.*[2]

McGilchrist presentó su tesis básica en 2009 en su fascinante y altamente recomendado libro *The Master and His Emissary,*[3] escrito doce años antes.

---

[2] Londres: Perspectiva Press, 2021.

[3] Yale: University Press, 2009.

Sus libros se centran en la estructura de dos hemisferios del cerebro humano. Una meticulosa investigación muestra que, aunque los hemisferios cerebrales izquierdo y derecho trabajan en conjunto, y están ambos involucrados prácticamente en toda la actividad cerebral, y cada uno de ellos necesita al otro, existen no obstante importantes diferencias entre ellos que tienen implicaciones radicales para nuestra percepción de la realidad.[4] Hay una asimetría entre ambos hemisferios: el izquierdo se centra en la aprehensión, mientras que el derecho en la comprensión, de modo que cada uno presta atención al mundo de una manera diferente y, por lo tanto, da lugar a un tipo diferente de conocimiento. El hemisferio izquierdo nos ayuda a manipular el mundo; el derecho nos ayuda a entenderlo. El izquierdo categoriza y analiza; el derecho nos ayuda a formar relaciones con los demás. El izquierdo conoce las cosas como objetos impersonales. El derecho conoce a las personas como sujetos y seres humanos. El izquierdo nos ofrece una imagen detallada, mientras que el derecho proporciona una visión general.

Un buen ejemplo de esto es pensar en un pequeño pájaro que recoge semillas. Las observa en el suelo con su ojo derecho (controlado por el hemisferio izquierdo), mientras mantiene una vigilancia con su ojo izquierdo (controlado por el hemisferio derecho) para observar el panorama general de su entorno, donde podría acechar un depredador.

Gran parte del trabajo que realizamos los humanos, en especial, aunque no exclusivamente, aquel de tipo repetitivo y mecánico, es una actividad del hemisferio izquierdo, mientras que crear un contexto más amplio es una actividad del hemisferio derecho. Necesitamos ambos.

La enseñanza de Jesús sobre los ojos buenos y malos encaja perfectamente en esta comprensión del cerebro, sobre todo a la luz de los comentarios de McGilchrist sobre lo que ocurre cuando se permite que el hemisferio izquierdo domine: «La tendencia del hemisferio izquierdo es concentrar el enfoque de tal manera que no logra

[4] Se encuentra una útil presentación de sus opiniones en https://www.youtube.com/watch?y=U99dQrZdVTg.

ver el panorama general en absoluto. Por lo tanto, no puede detectar que algo falta cuando su imagen empobrecida se convierte en una representación supuesta del todo». Esta es la clara fuente de un ojo malo que llena la mente de oscuridad.

Haremos referencia al trabajo de McGilchrist de vez en cuando en este libro, y dejo al lector interesado que descubra otros lugares donde sus ideas podrían aplicarse de manera útil. En cualquier caso, se encontrará más información sobre este tema en el Apéndice B.

3. ¿A qué amo servimos?

Los posibles amos que Jesús contempla son Dios y el dinero.[5] Debemos notar que podemos servir a Dios y usar el dinero, un tema que trataremos en detalle en capítulos posteriores. Lo que es imposible es servir a Dios y al dinero al mismo tiempo. También existe el peligro adicional de intentar servir al dinero y usar a Dios, si surge algún problema, una receta para el fracaso y un posible desastre.

Los dos amos en la enseñanza de Jesús me recuerdan al trabajo anterior de McGilchrist mencionado anteriormente, lo que puede llevar a otra aplicación de su enseñanza en una dirección diferente. En su libro, *The Master and His Emissary*, McGilchrist usa una historia de Nietzsche que cuenta sobre un rey, el maestro, que gobierna un gran territorio que se vuelve inmanejable para él. Por lo tanto, envía a un emisario competente para que lo represente. Sin embargo, el emisario ve una oportunidad para superar al maestro, al ganarse al pueblo y usurpar el trono del amo, algo que logra con éxito. McGilchrist usa esto como una parábola, con el maestro como el hemisferio cerebral derecho y el emisario como el izquierdo, para advertirnos del peligro de permitir que el hemisferio izquierdo domine nuestra vida, de modo que pierda todo su valor y significado. Esto es precisamente lo que ocurrirá si permitimos que el dinero gobierne nuestras vidas. Sin embargo, en el caso de los hemisferios cerebrales, los necesitamos ambos: no se trata de uno u otro, sino de a cuál se le permite dominar.

---

[5] «Mamón» es un término arameo para el dinero.

Notamos que dos de las tres declaraciones de Jesús tratan sobre el dinero, y la tercera, su enseñanza sobre la percepción, se encuentra en medio de ellas. Esa circunstancia puede indicar que Jesús desea que pensemos en la percepción, en especial en relación con el dinero. Un ojo sano dirigido por el hemisferio derecho considerará el tesoro en el cielo como mucho más valioso que el tesoro en la tierra; un ojo sano permitirá que el hemisferio derecho domine, y servirá a Dios con deleite y sin reservas, y no al dinero. La generosidad será el mejor antídoto contra el materialismo.

Tres declaraciones nos conducen ahora a la enseñanza de Jesús sobre la ansiedad:

> »Por eso les digo: No se preocupen por su vida, qué comerán o beberán; ni por su cuerpo, cómo se vestirán. ¿No tiene la vida más valor que la comida y el cuerpo más que la ropa? Fíjense en las aves del cielo: no siembran ni cosechan, ni almacenan en graneros; sin embargo, el Padre celestial las alimenta. ¿No valen ustedes mucho más que ellas? ¿Quién de ustedes, por mucho que se preocupe, puede añadir una sola hora al curso de su vida?
>
> »¿Y por qué se preocupan por la ropa? Observen cómo crecen los lirios del campo. No trabajan ni hilan; sin embargo, les digo que ni siquiera Salomón, con todo su esplendor, se vestía como uno de ellos. Si así viste Dios a la hierba que hoy está en el campo y mañana es arrojada al horno, ¿no hará mucho más por ustedes, gente de poca fe? Así que no se preocupen diciendo: "¿Qué comeremos?", o "¿Qué beberemos?" o "¿Con qué nos vestiremos?". Los paganos andan tras todas estas cosas, pero su Padre celestial sabe que ustedes las necesitan. Más bien, busquen primeramente el reino de Dios y su justicia, entonces todas estas cosas les serán añadidas. Por lo tanto, no se preocupen por el mañana, el cual tendrá sus propios afanes. Cada día tiene ya sus problemas. (Mateo 6:25-34)

El tema de la ansiedad resuena en muchos de nosotros. Notamos que Jesús habla de ella en el contexto del dinero, la comida, la bebida, la ropa y la vivienda, precisamente las cosas que por lo común motivan a las personas a trabajar. Obtenerlas, o tener suficiente de ellas y asegurar un suministro continuo, es una de las principales fuentes de preocupación en la vida que puede fácilmente llevar a la ansiedad, la desesperación e incluso al quiebre familiar, aun cuando tengamos un empleo.

El tratamiento de la ansiedad por parte de Jesús en el contexto de la percepción es notable desde el punto de vista neurológico. McGilchrist escribe: «… tanto la ansiedad como la atención estrechamente enfocada involucran el hemisferio izquierdo y cada una impulsa a la otra».[6]

Jesús afirma que nuestro Padre celestial conoce nuestras necesidades. A la luz de esto, muchos de nosotros hemos orado en innumerables ocasiones, como el Señor enseñó a Sus discípulos en los versículos anteriores: «Padre nuestro que estás en los cielos… danos hoy el pan nuestro de cada día». El énfasis en *hoy* nos muestra que el Señor nos invita a recurrir a Él diariamente en oración por nuestra comida, y así debemos hacerlo. Dar gracias a Dios por una comida no es solo un ritual trivial e insignificante. Es un reconocimiento de que, en última instancia, dependemos de Dios para nuestro alimento. Sí, la mayoría de nosotros obtenemos nuestra comida trabajando, pero la habilidad para trabajar y el trabajo que tenemos son en sí mismos un regalo de Dios, y necesitamos recordarlo constantemente.

El rey David escribió una vez palabras similares a las de Jesús: «Fui joven y ahora soy viejo, pero nunca he visto al justo en el abandono ni que sus hijos mendiguen pan».[7] Hay un problema obvio aquí. ¿Hasta qué punto podemos tomar en cuenta tales declaraciones? Soy muy consciente de que hay contextos en los que estos versículos son difíciles de entender y aplicar. Después de todo, si nuestro Padre celestial sabe que Sus hijos necesitan comida y ropa, ¿por qué no provee siempre para ellos? Por ejemplo, en muchas partes del mundo hay familias sin suficiente comida y agua, y desesperadas incluso por la vida misma; tal vez incluso ya hayan perdido hijos por desnutrición.

---

[6] *The Matter with Things,* pág. 368.

[7] Salmos 37:25.

Decirles a esas personas que no deben estar ansiosas, en especial si nosotros mismos estamos bien alimentados, sería insensible y cruel. ¿Debemos pensar, pues, que estas palabras sobre la provisión de Dios respecto a nuestras necesidades son ingenuas e irreales?

Las palabras de Jesús iban dirigidas a una multitud en ese país en aquel momento cuando, aun no siendo muchos los adinerados, la mayoría tenía acceso a comida. Y, al menos en dos ocasiones, usó Su poder sobrenatural para alimentar a grandes multitudes. Sin embargo, no siempre lo hizo, a pesar de que afirma que nuestro Padre celestial conoce nuestra necesidad. Lo que Él declararía si estuviera dirigiéndose a una multitud de personas hambrientas, no lo sabemos. Existe un profundo misterio aquí que no pretendo entender. El pasaje nos deja muchas preguntas sin respuesta. Sin embargo, eso no significa que no podamos derivar de él principios importantes que puedan guiar nuestra vida en tiempos «normales».

El apóstol Pablo experimentó hambre y privación, y sin embargo estaba convencido de que Dios no solo supliría su necesidad, sino también la de otros. A los miembros de una iglesia relativamente pobre en Filipos les escribió: «No digo esto porque esté necesitado, pues he aprendido a estar satisfecho en cualquier situación en que me encuentre. Sé lo que es vivir en la pobreza y lo que es vivir en la abundancia. He aprendido a vivir en todas y cada una de las circunstancias, tanto a quedar saciado como a pasar hambre, a tener de sobra como a sufrir escasez. Todo lo puedo en Cristo que me fortalece».[8]

Porque había aprendido a enfrentar no solo el problema de la necesidad, sino también el de la abundancia, pudo decir a otros: «Así que mi Dios les proveerá de todo lo que necesiten, conforme a las gloriosas riquezas que tiene en Cristo Jesús».[9] ¿He aprendido yo este secreto de contentamiento?

Jesús tiene más que decir sobre la ansiedad más adelante en el Evangelio de Mateo, donde repite su llamado a Sus discípulos a no

---

[8] Filipenses 4:11-13.

[9] *Ibid.*, 4:19.

estar afanados, no ahora en el contexto de su necesidad de comida, sino en el contexto del odio, de la persecución e incluso de la muerte que experimentarán posiblemente a manos de padres, parientes y amigos. Los tranquilizó: «No teman a los que matan el cuerpo, pero no pueden matar el alma. Teman más bien al que puede destruir alma y cuerpo en el infierno. ¿No se venden dos gorriones por una monedita? Sin embargo, ni uno de ellos caerá a tierra sin que lo permita el Padre. Él les tiene contados aun los cabellos de la cabeza» (Mt 10:28-30). «Pero no se perderá ni un solo cabello de su cabeza» (Lc 21:18). El Señor Jesús tiene una perspectiva diferente a la habitual respecto a la perdición.

Está abordando el miedo muy real a la muerte física, y les dice a Sus discípulos que no teman a aquellos que matan el cuerpo, sino que sustituyan ese temor por otro: la reverencia a Dios, que lleva a obedecerle cueste lo que cueste. Jesús llama a Sus discípulos a ser valientes en su testimonio por Él, incluso si deben morir por ello.

Mientras escribo estas palabras, siento el peligro de la hipocresía: ¿qué sé yo sobre esto? Muy poco, si es que sé algo. Sí, me he enfrentado al desdén y a la burla pública por mi fe en Jesús, pero nunca a una verdadera persecución física. Sin embargo, encuentro una pieza de aliento en la primera parte de este pasaje en Mateo:

> »Tengan cuidado con la gente; los entregarán a los tribunales y los azotarán en las sinagogas. Por mi causa los llevarán ante gobernadores y reyes para dar testimonio a ellos y a los gentiles. Pero cuando los arresten, no se preocupen por lo que van a decir o cómo van a decirlo. En ese momento se les dará lo que han de decir, porque no serán ustedes los que hablen, sino que el Espíritu de su Padre hablará por medio de ustedes. (Mateo 10:17-20)

Nunca olvidaré el encuentro con un creyente ruso quien, tras contarme sus horribles experiencias en el gulag ruso, me preguntó inesperadamente: «No podrías enfrentar eso, ¿verdad?». Me sentí profundamente avergonzado y no supe cómo responder. Su rostro se iluminó al ver mi perplejidad, y prosiguió: «Tampoco yo podría.

Pero descubrí que el Señor no me preparó de antemano para enfrentarme a ese tipo de cosas, sino que, cuando sucedió, Él se acercó y me fortaleció, y me permitió afrontar situaciones que antes no habría creído posibles». Eso es exactamente lo que Jesús les dijo a Sus discípulos que sucedería: sus necesidades serían satisfechas en la hora crítica, pero no necesariamente antes de ella.

Esto es terreno profundo, y no hay respuestas fáciles a nuestras preguntas teóricas sobre los problemas gemelos del mal y del sufrimiento. En mi pequeño libro *¿Dónde está Dios en un mundo con Coronavirus?*[10] digo que, al final, abordamos la cuestión de si hay suficiente evidencia para confiar en Dios con la solución suprema a estos problemas, aunque no la veamos ahora. Creo que el sufrimiento de Cristo en la cruz, y su posterior resurrección triunfante de los muertos, nos dan una forma de sobrellevarlo todo hasta que lleguemos a la gloria, y podamos plantearle la cuestión al Señor mismo.

Un punto final: nunca debemos permitir que nuestra incapacidad para encontrar una solución satisfactoria a problemas teóricos y posiblemente extremos, que no representan nuestra situación personal en el momento, nos impida atender las palabras de Jesús sobre la ansiedad en nuestra situación actual. De hecho, la atención a su enseñanza en la vida cotidiana es la que nos preparará para las situaciones extremas, si es que alguna vez llegan a surgir.

Volvemos al Sermón del Monte, donde Jesús dice ahora algo que, al principio, puede parecernos un poco extraño: «Los paganos andan tras todas estas cosas».[11] Por «paganos», se refiere esencialmente a aquellos que no creen en que existe un Dios y un Padre en el cielo. Estas personas tienen el claro deseo de obtener comida, vivienda y ropa, y salen a trabajar para proveérselo, como puedes comprobar tú mismo al preguntarle a la gente que encuentres en la calle. Conseguir las necesidades básicas es su principal motivación para trabajar. Sin embargo, ¿no es esto cierto para todos nosotros? ¿Acaso no *buscamos también todas estas cosas*? La mención de *las cosas*

---

[10] Buenos Aires: Poiema Publicaciones, 2024.

[11] Mateo 6:32.

nos recuerda la tesis de McGilchrist respecto a que realmente *hay algo problemático con ellas*. Buscarlas es un asunto del hemisferio izquierdo del cerebro. No solo eso, sino que, como vimos antes, la ansiedad por ellas proviene de la misma fuente cerebral. Jesús quiere alejarnos de este tipo de pensamiento enfocado estrechamente, dirigiendo nuestra mirada hacia un panorama mucho más amplio, del cual Él es el creador.

De ahí que, a continuación, Jesús exponga en el Sermón: «Los paganos andan tras... pero su Padre celestial sabe que ustedes las necesitan». Es decir, más allá del deseo comprensible y legítimo de las necesidades de la vida, debe haber otra prioridad para los discípulos de Jesús, que corresponde al hemisferio derecho. Es necesario que «busquen primeramente el reino de Dios y su justicia». El Señor no se olvida de la bebida y la ropa. Su promesa es: «estas cosas les serán añadidas».[12] Aquí, Jesús está haciendo una distinción vital entre *la motivación primaria*, el propósito (o meta) del trabajo, que es el desarrollo de una relación con Dios; *las motivaciones secundarias* (aunque importantes) y los resultados (o subproductos) del trabajo: las cosas que nos sostienen.

Para muchos, por decir la mayoría de las personas, las cosas materiales como la comida, la ropa y la vivienda son la motivación principal para trabajar. Sin embargo, para el seguidor de Cristo, la motivación principal, según el mismo Jesús, no es, o no debería ser, las cosas materiales en absoluto. Es activar el hemisferio derecho, ver el panorama más amplio *y buscar el reino de Dios y su justicia.*

4. ¿Qué significa esto?

Algunos pueden reaccionar de manera negativa a la frase, ya que el concepto de un reino y gobierno puede hacerles pensar en reglas y regulaciones legalistas, que a menudo imponen una carga aplastante y destructiva sobre las personas religiosas. El reino de Dios ciertamente implica el gobierno de Cristo. Sin embargo, su gobierno no es despótico. Es todo lo contrario a la esclavitud religiosa legalista.

[12] Mateo 6:33.

Escucha cómo lo explica Jesús: «Vengan a mí todos ustedes que están cansados y agobiados; yo les daré descanso. Carguen con mi yugo y aprendan de mí, pues yo soy apacible y humilde de corazón, y encontrarán descanso para sus almas. Porque mi yugo es suave y mi carga es liviana».[13]

Este es un yugo único que no está diseñado para agobiarnos, sino para liberarnos y permitirnos vivir una vida impregnada de bienestar y con un sentido de plenitud al hacer lo que Dios nos creó para hacer, en relación con Él. Es una vida que agrada al Señor, porque está caracterizada por la justicia y la integridad.

Un ejemplo puede ser útil. Hace muchos años estuve en una reunión de jóvenes cristianos, donde un joven de unos veinte años fue invitado a hablar sobre su fe cristiana. Llamémoslo Jeff. Nos contó que, no mucho antes, se había formado como electricista. Estaba encantado, como joven cristiano, cuando consiguió su primer trabajo. Pensó que todo iba bien, así que no se preocupó cuando, después de un mes o algo así, su jefe lo llamó a la oficina. Sin embargo, para sorpresa de Jeff, el jefe estaba claramente enojado y le habló de manera dura: «¿Qué has estado haciendo?». Jeff, desconcertado, respondió: «Lo siento, no entiendo a qué se refiere». «Bueno, has terminado el cableado de muchas menos casas que tus compañeros de trabajo». «No me había dado cuenta», respondió Jeff. «Pensé que había hecho un buen trabajo en el tiempo disponible, ya que intenté ser particularmente cuidadoso con el cableado bajo el piso». «Sí», replicó el jefe, «ahí es donde te equivocaste. A fin de cuentas, ¿quién ve los cables debajo del suelo?». Jeff no dudó. Con gran valentía, contestó: «¡Mi Señor ve el cableado debajo del piso!». Fue despedido en el acto. Afortunadamente, encontró un nuevo y satisfactorio empleo poco después.

Con su acción, Jeff demostró que había algunas cosas en la vida más importantes que la seguridad laboral. No sé cuál fue el efecto final en su jefe, pero una postura moral cristiana tan valiente es, a menudo, el primer paso para que alguien llegue a la fe en Cristo.

---

[13] Mateo 11:28-30.

Después de escuchar a Jeff, recuerdo haberme preguntado si yo, un cristiano mucho mayor, había llegado tan lejos. Allí estaba un joven que entendía las implicaciones de las enseñanzas de Jesús respecto a buscar el reino de Dios. Por supuesto, necesitaba y quería su salario a fin de mes. Sin embargo, para él, esa era una motivación secundaria. Su motivo principal era su determinación de ser íntegro y justo, y de honrar su relación con el Señor en su trabajo. Jeff había trazado una línea en su mente y en su corazón, una línea que no traspasaría. Por lo tanto, se aseguró de que todo el cableado oculto bajo el suelo estuviera hecho de tal manera que no representara un riesgo de incendio. ¿Tengo yo una línea que no cruzaré? ¿Y tú? Daniel tenía una, como vemos en Daniel 1, donde se negó a comprometerse con la idolatría al no beber el vino del rey ni comer su comida. Él no pasó esa línea, y Dios lo honró.[14] Necesitamos una línea, porque si no la tenemos, caeremos. Nuestra motivación principal debería ser, como Pablo explica en Colosenses 3:23: «Hagan lo que hagan, trabajen de buena gana, como para el Señor y no como para nadie en este mundo».

O, como dice Jesús en Mateo 9, cuando oramos, deberíamos decir: «Padre nuestro que estás en el cielo, santificado sea tu nombre. Venga tu reino…». Esto captura la esencia de lo que significa buscar el reino de Dios. Debemos santificar, es decir, hacer santo o apartar, el nombre del Señor. Esto significa que Él debe ser el valor supremo con el que medimos la calidad moral de nuestro comportamiento y carácter. Él quiere que nuestro trabajo juegue un papel importante en la formación de ese carácter, y así honrarlo.

El principio fundamental aquí es el de la rendición de cuentas. Nuestra responsabilidad ante el Señor debería determinar nuestra actitud y respuesta en cada situación.

En un nivel muy diferente, una vez escuché en boca de un alto ejecutivo, un cristiano, que solicitó un puesto importante. Después de una entrevista muy exitosa, le ofrecieron el puesto y lo aceptó.

---

[14] Ver mi explicación de esto en mi libro *Contra la corriente: La inspiración de Daniel en una era de relativismo*, Editorial Patmos, 2019.

Mientras el comité se despedía, el miembro más veterano llevó al hombre aparte y le comentó en voz baja: «Por supuesto, te convertirás en masón». «No», fue la tranquila pero firme respuesta. «Entonces no hay lugar para ti en nuestra compañía». Se fue sin el trabajo.

No estaba dispuesto, por obtener una ventaja comercial, a unirse a una sociedad cuasi secreta que daba un homenaje superficial a ese extraño dios ecléctico, Jahbulon.[15] En su negativa estaba siguiendo la postura adoptada hace mucho tiempo por los creyentes cristianos en ciudades como Corinto, quienes eran tentados a unirse a uno de los muchos gremios para obtener ventajas comerciales. Sin embargo, la membresía en tales agrupaciones a menudo implicaba participar en ceremonias donde se consumían alimentos sacrificados a deidades paganas. Pablo señaló a los corintios que no podían obtener el beneficio financiero sin estar espiritualmente involucrados y, por lo tanto, comprometidos.[16]

Una manera de ayudarnos a poner esto en práctica es preguntarnos en cada situación en la que nos encontremos: ¿qué significa agradar al Señor en este momento?

Una vez entendido este principio, comenzamos a ver cuán importante es nuestro trabajo. Este principio se aplica a todo trabajo, remunerado o no. El operario de fábrica, el conductor de camiones, el mecánico, el constructor, el minero, el maestro, el enfermero, los padres que cuidan de sus hijos o familiares, el pastor de jóvenes, el maestro de escuela dominical, el ministro, el misionero, y otros, aunque sus actividades sean muy diferentes, todos son trabajadores y deben asegurarse de hacer su trabajo conscientemente y con diligencia como para el Señor.

Dorothy Sayers escribió: «El trabajo no es, principalmente, algo que uno hace para vivir, sino aquello para lo que uno vive. Es, o debería ser, la plena expresión de las facultades del trabajador, aquello

---

[15] Una amalgama de Yahvé, Dios de Israel, Bul o Bel, un dios de los babilonios y On, un dios de los egipcios.

[16] Ver 1 Corintios 8, 10 y 2 Corintios 6:14-18.

en lo que encuentra satisfacción espiritual, mental y corporal, y el medio a través del cual se ofrece a Dios».[17]

Os Guinness nos ayuda a aplicar las enseñanzas de Jesús en Mateo 6 al plantear una serie de preguntas: «¿Permites que el dinero domine tus prioridades, evaluaciones, relaciones y tiempo? ¿Dejas que la sociedad de consumo fabrique tus deseos? ¿O haces lo que haces, ante todo, por amor a Dios y por el simple placer de hacerlo? ¿Estás tan libre de la ansiedad por el dinero que puedes ser generoso sin preocuparte, dando a los necesitados? Escucha a Jesús de Nazaret; responde a su llamado». Sin embargo, Guinness advierte: «Ni el trabajo ni la carrera pueden ser completamente satisfactorios sin un sentido más profundo de llamado, pero el "llamado" en sí es vacío e indistinguible del trabajo a menos que haya Alguien que llame».[18]

Ese Alguien existe. Hay un Señor que nos llama a hacer del objetivo de nuestro trabajo su reino y su justicia en nuestras vidas. Este es un llamado elevado que le otorga a nuestro trabajo un verdadero sentido de dignidad. Cualquiera que sea nuestra tarea, debemos llevarla a cabo como responsables ante el Señor, buscando su justicia y deseando desarrollar nuestra integridad moral. Podemos aprender cosas sobre la moralidad en la iglesia, pero el principal escenario para construir esa moralidad en nuestros caracteres, para la mayoría de nosotros, es en el trabajo, no en la iglesia, a menos que ese sea nuestro ámbito de operación. En el trabajo es donde nos enfrentamos a innumerables situaciones diferentes con sus desafíos y emociones asociadas: nos preguntamos cómo se nos valora, podemos sentir envidia de aquellos que son ascendidos por encima nuestro, podemos sentirnos insatisfechos con nuestro salario y nuestras condiciones, podemos estar estresados por sentirnos abrumados con responsabilidades de liderazgo, o sentir que se nos exige demasiado por parte de nuestros jefes; podemos sentir la presión de comprometer nuestra moral para aumentar las ganancias, podemos ser tratados de manera

---

[17] Dorothy L. Sayers, *Why Work?* en *Letters to a Diminished Church: Passionate Arguments for the Relevance of Christian Doctrine*, Nashville: Thomas Nelson, 2004.

[18] Del libro de Os Guinness, *The Call*, Nashville: Word Publishing, 1998.

injusta, cometer errores, preocuparnos por la seguridad laboral ante la próxima adquisición de la empresa, ser despedidos, estar «entre trabajos» o ni siquiera tener uno… la lista es interminable.

Cada situación pondrá a prueba nuestro carácter. Una cosa es que nos digan desde el púlpito que seamos pacientes; otra muy distinta es ser un maestro que se enfrenta a una clase numerosa de niños que parecen no querer aprender, o ser un empleador que negocia con los sindicatos, o tener la responsabilidad de cuidar a un familiar mayor con demencia o a un hijo con discapacidad, sin mencionar las muchas tentaciones que inevitablemente surgirán en el trabajo. Todas estas situaciones nos brindan la oportunidad de centrar nuestra mente en el propósito del trabajo: buscar el reino de Dios y su justicia.

Basilio el Grande, obispo de Cesarea (330-379 d. C.), tenía un claro sentido de la importancia de integrar el trabajo con la oración. Escribió: «Así, en medio de nuestro trabajo, podemos cumplir con el deber de la oración, dando gracias a Aquel que ha dado fuerza a nuestras manos para realizar nuestras tareas y agudeza a nuestras mentes para adquirir conocimiento… orando para que el trabajo de nuestras manos sea dirigido hacia su objetivo, el agrado de Dios».

Debemos notar que buscar el reino de Dios en el trabajo no necesariamente significa, por ejemplo, enviar un correo electrónico a nuestros colegas cada mañana con el versículo bíblico del día, o predicar a través del sistema de intercomunicaciones de la fábrica. Probablemente, eso sería contraproducente y desalentador, además de infringir las reglas sobre el uso del tiempo y los recursos laborales. No, estamos hablando de buscar el gobierno de Dios *en el trabajo mismo*, llevarlo a cabo como para Él. Porque a Dios le interesa más quiénes somos que lo que hacemos. Su deseo es moldear nuestro carácter.

Y si hacemos esto, no significa necesariamente que experimentemos un éxito constante, sin sufrimiento o pérdida. Recordemos lo que dijo Pablo, como mencionamos antes: «Sé lo que es vivir en la pobreza y lo que es vivir en la abundancia. He aprendido a vivir en todas y cada una de las circunstancias, tanto a quedar saciado como a pasar hambre, a tener de sobra como a sufrir escasez. Todo lo puedo en Cristo que me fortalece».[19] Esa afirmación es verdaderamente desafiante. ¿Puedo realmente afirmar algo así con alguna credibilidad?

En el siglo XVII, ocho años después de que el *Mayflower* zarpara hacia el Nuevo Mundo, Anne Bradstreet dejó Inglaterra para asentarse en las colonias americanas de la época. La vida allí resultó ser un trabajo arduo para ella, su esposo Simon y sus ocho hijos. Sin embargo, halló consuelo escribiendo poesía de tal calidad que hoy se la celebra como la poeta femenina más destacada de su tiempo. Su confianza en Dios brilla en un poema que escribió hacia el final de su vida, cuando su casa y su valiosa biblioteca fueron destruidas por un incendio:

> Y cuando ya no pude mirar,
> Bendije Su nombre, que dio y quitó,
> Que dejó mis bienes ahora en el polvo;
> Sí, así fue, y fue justo.
> Eran Suyos; no míos.

Esto describe el estándar de oro de la verdadera fe en Dios mejor de lo que podría hacerlo jamás. Tanto para Pablo como para Anne Bradstreet, los dones podían ir y venir, pero el Dador era la constante absolutamente confiable. Es de crucial importancia reconocer que Dios se interesa en las personas más humildes y en su trabajo. Un ejemplo claro es el de Fray Lorenzo, un monje francés del siglo XVII que escribió un libro pequeño y famoso titulado *The Practice of the Presence of God* [La práctica de la presencia de Dios], que ha tenido una profunda influencia. De origen campesino y con poca educación, nunca llegó a ser sacerdote. Durante años, limpió y cocinó en la cocina del priorato. Su salud empezó a deteriorarse y se le asignó reparar las sandalias de los monjes. Sobre este humilde trabajo, escribió:

---

[19] Filipenses 4:12-13.

«No debemos cansarnos de hacer las pequeñas cosas por amor a Dios, quien no considera la grandeza de la obra, sino el amor con que se realiza. Y no es necesario tener grandes cosas que hacer. Yo le doy la vuelta a mi pequeña tortilla en la sartén por amor a Dios». Qué fácil es centrarse en la magnitud del trabajo y descuidar lo que es mucho más importante: el amor con el que se realiza.

5. Trabajo y Evangelismo

La mayoría de los trabajos nos ponen en contacto con otras personas, y si el nuestro no se desarrolla exclusivamente con creyentes cristianos, nos ofrece una esfera de evangelización lista para usar que nunca existiría entre las paredes de una iglesia. Nuestros colegas y compañeros de trabajo forman una red en la que Dios nos ha colocado como testigos, tanto por la forma en que vivimos (nuestro carácter) como por lo que les decimos sobre el evangelio cuando se nos presenta la oportunidad. Trabajar junto a ellos nos otorga credibilidad y una entrada que otros no tienen, y que Dios espera que utilicemos para sus propósitos. Por ejemplo, que yo sea matemático me ha abierto muchas puertas de testimonio que estarían cerradas para otras personas. Encuentro que a muchos les intriga conocer a un científico que cree en Dios, y desean saber por qué. Cuando me lo preguntan de esta manera, estoy encantado de responder, pues esto es muy distinto a que yo tome la iniciativa e intente imponerles mis puntos de vista.

Mi posición como profesor de matemáticas en Oxford ha conducido a invitaciones para hablar, debatir y proclamar el mensaje cristiano en todo tipo de foros alrededor del mundo. Que la ciencia cuente con un considerable prestigio significa que tengo oportunidades de las que nunca habría dispuesto si mis calificaciones hubieran estado en un campo no científico. Por supuesto, lo contrario también es cierto: hay oportunidades que no obtendré precisamente porque soy científico. Todos nosotros necesitamos pensar de manera constructiva sobre cómo podemos usar nuestras posiciones como plataforma para la evangelización, de una manera que no estaría necesariamente abierta a otros. Desde luego, la intención de Dios es que lo hagamos.

Es decir, si tenemos ese tipo de credenciales. Muchos de los creyentes, por no decir la mayoría, no las tienen. De hecho, muchos, por no decir la mayoría, de los primeros discípulos no disponían de ellas, y lejos de obstaculizar su testimonio, en ocasiones, lo facilitó. Recordemos el caso de la reacción de las autoridades religiosas en Jerusalén ante la curación del hombre cojo en la puerta del templo: «al ver la osadía con que hablaban Pedro y Juan, y al darse cuenta de que eran gente sin estudios ni preparación, quedaron asombrados y reconocieron que habían estado con Jesús».[20] El poder de Dios no está limitado por la falta de credenciales humanas. De hecho, uno de los evangelistas más poderosos que he conocido no solo no tenía credenciales, sino que, convertido siendo adulto, tuvo que ir a la escuela con niños pequeños para aprender a leer y escribir. ¡Dios no depende de nuestras credenciales!

De hecho, en este punto podrías preguntarte: ¿no existe aquí un riesgo de confiar en tus credenciales, o en tu riqueza, y no en el Espíritu Santo, para trabajar en los corazones de las personas? Sí, lo hay. Confiar en algo que no sea Dios es idolatría, y la manera de evitarlo es distinguir entre confiar en tus credenciales o tu riqueza, y usar a Dios (cuando te quedes atascado, como te ocurrirá en ocasiones), confiar en Él y usar estas cosas.

Pablo era un hombre brillante. Con tal de conseguir audiencia para su mensaje, no dudó en usar sus credenciales como rabino profesional, educado en la famosa escuela de elite de Gamaliel.[21] Pero el secreto de su autoridad espiritual radicaba en que, aunque se *servía* de sus credenciales, nunca *confiaba* en ellas: su confianza estaba en Dios. Necesitamos recordar esto constantemente. La forma en que usamos nuestras credenciales es importante. Algunas personas son demasiado insistentes con sus títulos, y esto puede oler a orgullo, ser bastante nauseabundo y muy desagradable. Otros pueden ser tímidos a la hora de usar sus credenciales y, por ende, perder oportunidades de testimonio que de otro modo podrían haber tenido.

---

[20] Hechos 4:13.

[21] Ver Hechos 22:3.

Vale la pena sentarse y pensar con detenimiento en nuestras propias calificaciones y credenciales, si las tenemos, y considerar cómo podríamos usarlas en nuestro testimonio. Sin embargo, arraiguemos nuestra confianza firmemente en el Señor.

Hacer nuestro trabajo como para el Señor significará, por lo tanto, no solo efectuarlo con integridad y de la mejor manera posible, sino también tener la responsabilidad de buscar en oración oportunidades para testificar a nuestros compañeros de trabajo, siempre que podamos hacerlo de manera creíble. A veces habrá otros cristianos en nuestro lugar de trabajo con quienes podremos unir fuerzas y pensar en formas innovadoras de transmitir el mensaje cristiano a quienes trabajan a nuestro lado.

Esto ha dado lugar a que muchas empresas, escuelas, universidades, hospitales, en el Reino Unido, cuenten con grupos cristianos activos, cuyo testimonio ha sido muy efectivo a lo largo de los años.

La evangelización trae consigo sus propios desafíos especiales, de manera particular el del temor, y esta es razón por la cual he escrito mi pequeño libro *No tengas miedo.*[22]

6. Un ejemplo del Antiguo Testamento

Una ilustración vívida de la diferencia entre la motivación última para el trabajo y los resultados o subproductos del trabajo se encuentra en la experiencia de Israel en el momento en que fueron liberados de Egipto y comenzaron su largo viaje hacia Canaán bajo el liderazgo de Moisés. Habían sido oprimidos por los egipcios y forzados a trabajar sin remuneración, imaginablemente, en campos de trabajo esclavo durante muchos años, construyendo ciudades de almacén y tesoros para los egipcios. Eventualmente, Dios, a través de Moisés, desafió al entonces faraón a dejar ir al pueblo, para que pudieran adorarlo en libertad. Después de una serie de poderosas señales sobrenaturales, que culminó con la noche de la Pascua, se pusieron en marcha bajo el liderazgo de Moisés para cruzar el mar y viajar hacia la tierra prometida.

---

[22] *No tengas miedo: Cómo ser sal y luz aun cuando sea costoso*, Editorial Patmos, 2023.

Cuando salieron, Dios mandó a través de Moisés que «despojaran a los egipcios». Después de todo, habían trabajado como esclavos durante muchos años, y Dios insistió en que fueran compensados, recibiendo oro y objetos de valor de sus opresores egipcios. Se llevaron este «pago retroactivo» con ellos. No había bancos ni cajas de seguridad en aquellos días, por lo que era común moldear el oro o la plata que uno poseía en pendientes que no eran fáciles de robar.

Durante el viaje por el desierto, Moisés fue convocado para presentarse solo ante Dios en la región montañosa de Sinaí, y tras ausentarse del campamento israelita durante un tiempo, y al parecer que no regresaría, el pueblo se inquietó y le pidió a Aarón, el sumo sacerdote, que les «hiciera unos dioses». Aarón cedió a su presión, les pidió parte de su oro y su plata, y confeccionó un becerro de oro de una manera primitiva y pagana. Luego les anunció: «Estos son los dioses que te sacaron de Egipto». Y el necio y obstinado pueblo cayó en la idolatría y adoró el becerro de oro. ¿De qué sirve un dios con el que tienes que cargar tú, cuando hay un Dios verdadero que puede llevarte, y que lo hará?

Para los israelitas, el oro y la plata eran un resultado de su redención de Egipto. Aarón fabrica «dioses» con ellos, de manera que se convierten en el propósito de la redención, en lugar de Dios, quien los llamó a Sí mismo como Su propósito. Peor aún, incluso expresa que estos dioses fueron el medio de su redención.

Eso fue trágico, y podemos ver cómo se perpetúa hoy (literalmente) el mismo error descerebrado de convertir las cosas en dioses. Por ejemplo, en todas partes donde ha llegado el cristianismo, ha llevado consigo educación, salud y a menudo prosperidad económica. Sin embargo, con el paso del tiempo estas cosas se convierten con frecuencia en el propósito central de la vida y hasta se entienden como el medio de «salvación», y se olvida a Dios por completo. Eso es muy triste, ya que significa que se pierde el verdadero objetivo y el propósito del trabajo. Una vez más, con Iain McGilchrist vemos que hay algo malo en las cosas. Peor aún, las cosas pueden dominarnos. Emanciparse de ellas no es fácil.

Hay otro problema latente aquí. Es el hecho de que el cristianismo ha traído beneficios a las personas y ha cambiado sus fortunas de maneras simples e importantes: el dinero que antes se desperdiciaba en alcohol y drogas, ahora sirve para poner comida en la mesa del hogar del adicto converso. Ese tipo de manifestación del mensaje del evangelio es una verdadera prueba de que el cristianismo es verdadero.

Sin embargo, es muy distinto al famoso «evangelio de la prosperidad», donde oradores persuasivos prometen a las personas, a menudo a los pobres, ingresos enormemente mejorados, si tan solo se convierten en cristianos; sin mencionar la solicitud de hacer una donación sustancial para mantener el estilo de vida extravagante del predicador. Ni Jesús ni Pablo, ni ninguno de los primeros apóstoles hizo algo semejante; la única persona que estuvo más cerca de ello fue el apóstata Judas.

Pero no fue el único. Pablo advirtió a Timoteo sobre personas como Judas que imaginan:

> Este es de los que piensan que la religión es un medio de obtener ganancias. Es cierto que con la verdadera religión se obtienen grandes ganancias, pero solo si uno está satisfecho con lo que tiene. Porque nada trajimos a este mundo y nada podemos llevarnos. Así que, si tenemos comida y ropa, contentémonos con eso. Los que quieren enriquecerse caen en la tentación y se vuelven esclavos de sus muchos deseos. Estos afanes insensatos y dañinos hunden a la gente en la ruina y en la destrucción. Porque el amor al dinero es la raíz de toda clase de males. Por codiciarlo, algunos se han desviado de la fe y se han causado muchísimos sinsabores.
>
> Tú, en cambio, hombre de Dios, huye de todo eso y esmérate en seguir la justicia, la devoción, la fe, el amor, la constancia y la humildad. Pelea la buena batalla de la fe. (1 Timoteo 6:5-12)

A la luz de todo esto, es importante que todos nosotros realicemos de vez en cuando una auditoría de nuestras vidas y nos preguntamos: ¿cuál es mi motivación y objetivo para mi trabajo en este momento?

Al hacerlo, quizás uno de los principios más importantes sea uno muy antiguo que dice que, si tenemos riqueza, es Dios quien nos ha dado el poder para obtenerla.

> No se te ocurra pensar: «Esta riqueza es fruto de mi poder y de la fuerza de mis manos». Recuerda al Señor tu Dios, porque es él quien te da el poder para producir esa riqueza; así ha confirmado hoy su pacto que bajo juramento hizo con tus antepasados.
>
> Si llegas a olvidar al Señor tu Dios y sigues a otros dioses para adorarlos y postrarse ante ellos, testifico hoy en contra tuya que ciertamente serás destruido. Si no obedeces al Señor tu Dios, te sucederá lo mismo que a las naciones que el Señor irá destruyendo a tu paso. (Deuteronomio 8:17-20)

Preguntas

1. ¿Cuál es en tu opinión la motivación más popular para trabajar? ¿Cuál es la tuya? Te ruego que seas sincero contigo mismo y no te limites a ser piadoso.
2. ¿Qué indicios hay de que las Escrituras son sensibles a los sentimientos de los desempleados?
3. Si has estado, o estás desempleado, explica qué te resultó útil y qué no para afrontar la situación.
4. ¿Qué te produce ansiedad respecto a tu trabajo y tu futuro?
5. «No puedes servir a Dios y al dinero», pero puedes servir a Dios y usar el dinero, o puedes servirte del dinero y usar a Dios. Explica.
6. Explica el significado de «Busquen primeramente el reino de Dios y su justicia», dando ejemplos de cómo has experimentado esto en tu trabajo.
7. ¿Tienes una línea que no vas a cruzar? ¿Cuál es?
8. ¿Cómo crees que el trabajo puede moldear el carácter? Explica ejemplos de tu experiencia.
9. Cuenta experiencias de oportunidades de compartir el evangelio como resultado de situaciones o contactos de trabajo.

CAPÍTULO 3

BUSCAR EL REINO DE DIOS

Buscar primero el reino de Dios en su trabajo era algo que los primeros discípulos tuvieron que aprender. Estaban involucrados en diversos tipos de trabajo: algunos eran pescadores, uno era recaudador de impuestos, otro era activista político y Jesús mismo era carpintero. Todos eran hombres adultos cuando Jesús los llamó a seguirle, y las circunstancias de su llamado nos brinda una visión más profunda de la comprensión bíblica del trabajo. Lucas registra lo que ocurrió con Simón Pedro, el pescador, y algunos de sus colegas:

> Un día estaba Jesús a orillas del lago de Genesaret y la gente lo apretujaba para escuchar el mensaje de Dios. Entonces vio dos barcas que los pescadores habían dejado en la playa mientras lavaban las redes. Subió a una de las barcas, que pertenecía a Simón, y le pidió que la alejara un poco de la playa. Luego se sentó, y enseñaba a la gente desde la barca.
>
> Cuando acabó de hablar, dijo a Simón:
>
> —Lleva la barca hacia aguas más profundas y echen allí las redes para pescar.
>
> —Maestro, hemos estado trabajando duro toda la noche y no hemos pescado nada —contestó Simón—. Pero, como tú me lo mandas, echaré las redes.
>
> Así lo hicieron y recogieron una cantidad tan grande de peces que las redes se les rompían. Entonces llamaron por señas a sus compañeros de la otra barca para que los ayudaran. Ellos se acercaron y llenaron tanto las dos barcas que comenzaron a hundirse.
>
> Al ver esto, Simón Pedro cayó de rodillas delante de Jesús y le dijo:

—¡Apártate de mí, Señor; soy un pecador!

Es que él y todos sus compañeros estaban asombrados ante la pesca que habían hecho, como también lo estaban Santiago y Juan, hijos de Zebedeo, que eran socios de Simón.

—No temas, desde ahora serás pescador de hombres —dijo Jesús a Simón.

Así que llevaron las barcas a tierra y, dejándolo todo, lo siguieron. (Lucas 5:1-11)

Esta es una historia sobre pescadores que faenan en el mar de Galilea. Dos botes habían estado pescando durante la noche y ahora estaban siendo arrastrados hasta la orilla. Los pescadores estaban lavando sus redes en el lago cuando Jesús le pidió a Simón, que era dueño de uno de los botes, que lo alejara un poco de la orilla para que pudiera usarlo como púlpito desde el cual enseñar a la gente. Lucas no nos cuenta nada sobre lo que Jesús predicó. Su historia tiene que ver con lo que sucedió cuando Jesús terminó de hablar. Dirigiéndose a Simón, le ordenó que sacara la barca de la orilla hacia aguas más profundas y echara las redes para pescar.

Simón debió de sorprenderse ante tan rara orden. Después de todo, él era un pescador experto, la pesca debía hacerse por la noche y, lo que era peor, él y sus colegas habían estado trabajando toda la noche y no habían pescado nada. ¿Qué podía saber Jesús, un carpintero, al respecto? Simón no vocalizó sus pensamientos; después de todo, a esas alturas ya era un hombre convertido, pero sí lo insinuó. No tenía sentido intentar pescar ahora, a plena luz del día. Sin embargo, algo le hizo dudar y, a pesar de sus reservas, añadió: «Pero, como tú me lo mandas, echaré las redes».

Simón Pedro dijo lo que realmente pensaba: la única razón por la que echó las redes fue porque Jesús lo había mandado. Pedro no las estaba echando para pescar, ya que no creía que hubiera peces allí para ser atrapados. Simplemente estaba obedeciendo el mandato de Jesús. Es decir, por primera vez en su vida, hasta donde sabemos, no iba a trabajar para pescar, sino porque Cristo el Rey le ordenó que lo hiciera. Estaba buscando el reino de Cristo en su vida.

El efecto lo abrumó. De repente, las redes reventaban de peces hasta tal punto que tuvieron que llamar al segundo bote para ayudarlos y, aun así, el peso extremo de su captura amenazaba con hundir ambas embarcaciones. La reacción de Pedro es digna de mención. Se arrodilló ante Jesús y exclamó: «¡Apártate de mí, Señor; soy un pecador!».

Obsérvese bien que Pedro no fue convencido de su pecado en un culto religioso ni tampoco durante el sermón que acababa de escuchar, sino en su trabajo. Sintió su insuficiencia, su fracaso al no haber reconocido quién era Jesús y qué poderes comandaba. Fue abrumado por la revelación de un panorama mucho más grande cuya existencia él había ignorado por completo. Sintió que se quedaba muy corto, es decir, que era un pecador.

Puede ser que nosotros también seamos convencidos de pecado en nuestro lugar de trabajo.

Esta experiencia extraordinaria marcó un punto de inflexión para Pedro y sus compañeros de trabajo, Santiago y Juan: «Es que él y todos sus compañeros estaban asombrados ante la pesca que habían hecho, como también lo estaban Santiago y Juan, hijos de Zebedeo, que eran socios de Simón. —No temas, desde ahora serás pescador de hombres —dijo Jesús a Simón. Así que llevaron las barcas a tierra y, dejándolo todo, lo siguieron» (Lc 5:9-11).

Habiendo aprendido a obedecer a Jesús en su trabajo diario como pescadores, estaban listos para pasar a algo nuevo bajo la dirección de Jesús. Él ahora los llamaba a dejar esa profesión y trabajar cerca con Él.

Esta historia contiene un principio transformador que, cuando se entiende y se pone en práctica, puede añadir nueva profundidad, significado y propósito a nuestro trabajo: «Pero, como tú me lo mandas…». Permíteme hacer una pregunta directa y personal a mis lectores y a mí mismo: ¿cuándo fue la última vez que tú y yo fuimos al trabajo con la sensación activa de que el Señor nos estaba enviando allí?

Podemos hacerlo deteniéndonos al comienzo de cada día y orando: «Señor, voy al trabajo ahora. Creo que me has dado este trabajo con un propósito. Por favor, ayúdame hoy a aprender algo de tu gobierno en mi vida mientras trato de realizar mi trabajo de manera justa y concienzuda». Rico Tice lo resume en el consejo que da a las personas para que se digan a sí mismas: «Hoy es un gran día, porque hoy es un día que Dios ha planeado para mí y, si es bueno para Dios, es bueno para mí». Luego cita a Pablo: «Ahora bien, sabemos que Dios dispone todas las cosas para el bien de quienes lo aman, los que han sido llamados de acuerdo con su propósito».[1] Esto es lo que Rico llama «vivir el tiempo medio de la salvación»: los tres tiempos son, 1. Pasado: He sido salvo (justificación); 2. Presente: Estoy siendo salvo (santificación); 3. Futuro: Seré salvo (glorificación). Nuestro día está en las manos de Dios, así que vivámoslo para Su gloria.

Prepararse de esta manera genera la expectativa de que Dios obrará, y aumenta nuestra sensibilidad espiritual para lo que pueda surgir durante el día.

Por ejemplo, como maestro, tuve que corregir una gran cantidad de tareas de matemáticas. A veces me horrorizaba la falta de esfuerzo (más que de habilidad) que algunos estudiantes parecían poner en su trabajo. En una ocasión pensé: «Este es el peor de todos», pero antes de entrar a clase para enfrentar al estudiante en cuestión, elevé mi oración: «Pero, como tú me lo mandas…». Puse el trabajo frente al estudiante y, en lugar de decir algo cortante y crítico, le comenté: «Sabes, nunca antes había recibido un trabajo tan malo de tu parte, y antes de añadir algo al respecto, solo quisiera preguntar si ha pasado algo que lo explique».

Los ojos del estudiante se llenaron de lágrimas y contestó: «Anoche mi papá llegó a casa, golpeó a mi mamá bastante brutalmente y gritó que la iba a dejar. Salió furioso y se fue. Ahora tengo que lidiar con mi mamá devastada. Lo siento…».

Me sentí agradecido al Señor por evitar que empeorara las cosas, cargando al estudiante con una crítica injusta. No solo eso, sino que mi reacción más suave me permitió tener más tarde una

---

[1] Romanos 8:28.

conversación con ella, a petición suya, sobre el recurso que Cristo ofrecía en semejantes circunstancias.

Necesitaba, y todavía necesito a menudo, que me enseñen paciencia. El trabajo está diseñado para hacer eso por ti. Lo hará, si tan solo estás dispuesto a dejarlo.

La moralidad en el lugar de trabajo

No se nos habrá escapado que buscar el reino de Dios está inseparablemente conectado con buscar su justicia. Porque no existe ningún trabajo en el mundo, remunerado o no, que tarde o temprano, y por lo general más temprano que tarde, no plantee cuestiones morales. En mi historia sobre Jeff, solo tomó unos pocos días para que surgiera la corrupción moral del jefe. Las cuestiones morales pueden ser de muchos tipos, pero por lo general provienen de tres fuentes principales: dinero, sexo y poder. Además, está el asunto recurrente de la injusticia en el lugar de trabajo, que analizaremos por separado.

El dinero y el lugar de trabajo

Según la Biblia, el dinero no es malo, pero es la raíz de muchos males. Este fue el problema en el caso del electricista Jeff. Su jefe era codicioso y, en su deseo de hacer dinero rápidamente, no solo pasó por alto principios morales, sino que intentó obligar a sus trabajadores a hacer lo mismo. Jeff se resistió. Si hubiera estado dispuesto a seguir las indicaciones del jefe, sin duda habría ganado más dinero. Pero ¿a qué precio? Al alto coste de su integridad moral. A la luz del reino de Dios, no valía la pena.

Piénsalo de esta manera: el objetivo de Jeff era honrar al Señor buscando el gobierno de Dios en su vida. El objetivo principal del jefe era el dinero. Para Jeff, el dinero era el resultado de su trabajo, de modo que, en comparación con honrar al Señor, era un asunto secundario, aunque importante. La tentación era, y siempre es para cualquiera de nosotros, hacer de la recompensa monetaria por el trabajo nuestro objetivo primordial y, al recortar principios morales, perder así la razón misma por la que Dios nos confió el trabajo en primer lugar.

El principio es el mismo, independientemente de la cantidad de dinero involucrada. Un director financiero cristiano (CFO) puede ser presionado por un director de la empresa para aumentar el valor de las acciones mediante la práctica de una «contabilidad creativa» que, en efecto, priva a las autoridades fiscales de sus debidos impuestos. Resistirse puede costarle el empleo y generarle gran ansiedad sobre su capacidad futura para mantener a su familia. Al enfrentarse a su decisión, necesita saber que a Dios le interesa, por encima de todo, que mantenga su integridad.

El poder y el lugar de trabajo

Según Génesis, los primeros seres humanos eran jardineros, y fue en su lugar de trabajo en el jardín donde se enfrentaron por primera vez a la tentación de abandonar el gobierno y la justicia de Dios. La tentación tenía que ver con el fruto del jardín. Dios les señaló que podían comer libremente de todos los árboles, excepto de uno, el árbol del conocimiento del bien y del mal. Si comían del fruto de ese árbol, les advirtió que morirían. El contraataque del enemigo de Dios fue cuestionar primero lo que Dios había dicho: «¿Conque Dios les dijo que no comieran de ningún árbol del jardín?». Luego lo negó: «¡No es cierto, no van a morir! Dios sabe muy bien que cuando coman de ese árbol se les abrirán los ojos y llegarán a ser como Dios, conocedores del bien y del mal». El fruto parecía deseable como alimento, era agradable a su sentido estético dado por Dios y prometía sabiduría. El enemigo de Dios les ofreció una dosis de poder, y esos tres niveles de atracción fueron suficientes para eclipsar la advertencia de Dios. Tomaron el fruto, lo comieron, y murieron; al principio no en el sentido físico, eso vendría después, sino en lo más alto de la vida. Su relación con el Creador mismo se rompió, y su culpa abrasadora les hizo huir de quien hasta entonces había sido su amigo. Fue una muerte espiritual.

Esta historia se malinterpreta con frecuencia como una demostración de que Dios está en contra del conocimiento, ya que este es poder; que Dios deseaba, como la mayoría de los dictadores, suprimir a las personas, aplastar su iniciativa y mantenerlas alejadas de desarrollar su potencial completo. Esa visión es una calumnia al nombre de Dios. Porque el fruto prohibido no crecía en un árbol de *conocimiento*. Crecía en el árbol del *conocimiento del bien y del mal*, que es algo diferente por completo. No representa el conocimiento en general, sino un tipo específico de conocimiento que no deseas tener. Dios no está en contra del conocimiento, como muestra el texto circundante. El jardín y sus alrededores estaban repletos de potencial para adquirir conocimiento. Dios los animó a hacer precisamente eso. Podían trabajar y explorar a su antojo. Podían inspeccionar los ríos y descubrir a dónde llevaban, desarrollar las riquezas minerales y poner nombre a los animales.

El árbol del conocimiento del bien y del mal estaba allí por una razón muy especial e importante: no para oprimir a los seres humanos, sino para dignificarlos al permitirles desarrollarse como seres morales. Para que eso ocurra, son esenciales dos cosas:

1. Un cierto grado de libertad: *podían* comer de todos los árboles;
2. Una limitación moral a esa libertad: algo que podían hacer, pero que estaba prohibido.

Los seres sin libertad ya no son humanos: como robots, son autómatas cuyo comportamiento está determinado por sus programas y, por lo tanto, no tienen significación moral. Las palabras «carácter moral» no tienen sentido para ellos. De hecho, todo carece de significado para un autómata.

Si lo pensamos por un momento, podemos ver que la moralidad para los primeros humanos estaba definida por la palabra de Dios. Fue Él quien les dio su apetito por la comida, su sentido estético y su deseo de crecer en sabiduría, todos ellos buenos, e incluso maravillosos. La sutileza de la tentación era sugerir a los humanos que se estaban perdiendo algo al obedecer lo que Dios decía.

La tentación ocurrió en un entorno desbordante de la provisión de Dios para cada necesidad humana. No había fracaso que pudiera ser excusado por las presiones del sufrimiento o la privación. Además, esta primera tentación ocurrió en el lugar de trabajo. Por lo general suele ser así. En el lugar de trabajo, ya sea en casa, en fábricas, granjas, minas, tiendas, sitios de construcción u oficinas, es donde normalmente enfrentamos los desafíos que moldean nuestras vidas. Por ejemplo, el juego de poder ocurre todo el tiempo, hombres y mujeres son tentados a menudo a apartar las normas habituales del comportamiento humano (basadas en la ley de Dios) para impulsar (¿o deberíamos decir forjar?) su camino hacia posiciones más elevadas. Esto se efectúa con frecuencia mediante la sutil denigración de colegas, introduciendo alguna mentira piadosa y, en general, haciendo que los subproductos del trabajo sean su objetivo.

Los cristianos deben ser diferentes. Al buscar el gobierno de Dios en su trabajo, deben actuar como sal y luz en la sociedad, preservándola de la corrupción y señalando el camino hacia la fuente de la vida plena en Cristo. Esta es una forma muy efectiva de testificar la verdad del evangelio. Sin embargo, esto no implica de ninguna manera que los creyentes no puedan ejercer poder y autoridad en su trabajo. Todo lo contrario. De hecho, la Biblia misma da ejemplos notables de tales personas; por ejemplo, Abraham, José, David, Nehemías y Daniel. Ejercer el poder en beneficio de los demás como líder cristiano y ser un modelo de integridad para los demás, es un inmenso privilegio.

Recuerdo una vez haber conocido a un médico que había trabajado como misionero cristiano en el extranjero durante muchos años. Le pregunté cómo se había convertido en cristiano. Me comentó que al principio de su carrera había estado trabajando en el equipo de un hospital y notó que una de las enfermeras siempre estaba alegre, siempre era servicial y estaba tranquila, sin importar la presión. A él le intrigaba y un día, después de su turno, le preguntó qué era lo que la hacía tan diferente. Ella simplemente pronunció una palabra «Jesucristo». Él no procedía de un entorno cristiano, pero esa palabra lo atormentó. Al final, entró corriendo a una librería durante una tormenta, esperando que nadie lo reconociera y compró una Biblia. Al leerla, se convirtió al cristianismo.

Esa enfermera había sido sal y luz en su lugar de trabajo y como resultado, ya fuera que lo supiera o no, su actitud y su palabra iniciaron una carrera misionera que duró toda una vida.

El sexo y el lugar de trabajo

El sexo es un regalo maravilloso y precioso de Dios. Él lo creó y, precisamente por ser tan valioso, nos ha dado en las Escrituras las instrucciones de su Creador sobre cómo debe usarse este don, para brindar el máximo disfrute y satisfacción. Cuando compramos un coche, todos sabemos que sería una tontería ignorar el manual de instrucciones del fabricante e intentar poner el vehículo en marcha atrás a 120 kilómetros por hora. Probablemente destrozaríamos la caja de cambios, como mínimo.

El manual que venía con el auto no se escribió para reducir nuestro disfrute del vehículo ¿verdad? Fue diseñado para aumentar ese deleite. Y el manual que Dios nos ha dado para la vida y las relaciones, la Biblia, no fue dado para reducir nuestro gozo, sino para aumentarlo. El sexo es un impulso muy poderoso. Sus potentes motores, manejados incorrectamente, podrían destrozarnos. La Biblia no nos dice que el matrimonio es el contexto adecuado para el sexo porque Dios quiera arruinar nuestra diversión. Al contrario, Él quiere evitar que nos destruyamos nosotros mismos y a los demás.

Muchos hombres o mujeres han arruinado su matrimonio, destrozado su vida familiar y la de otros, porque encontraron a una persona más joven, más viril y atractiva en su lugar de trabajo y sin pensar en las consecuencias, iniciaron lo que llamamos eufemísticamente «una aventura». Los trabajadores jóvenes se encuentran con personal superior depredador que promete recompensas o ascensos si acceden a acostarse con ellos. Luego está el indescriptible horror del abuso de niños por parte de trabajadores de la iglesia o de caridad, en posiciones de confianza, y así sucesivamente.

El ex Gran Rabino del Reino Unido, Emmanuel Jakobovitz, sostiene que el costo para nuestras sociedades de la infidelidad matrimonial es incalculable, sobre todo en términos de los millones de niños que están siendo criados en un desierto moral, sin el refugio de un hogar amoroso. Escribe: «¿Es de extrañar que de entre ellos se recluten innumerables ciudadanos amargados, egoístas, solitarios y, a veces, violentos, para engrosar las filas de los antisociales?». Sin embargo, tal es la fuerza del impulso sexual humano que, para algunas personas, calcular el coste es lo último que se les ocurriría.

En un memorable y directo consejo práctico que se aplica a todos los ámbitos de la vida, el bloguero cristiano y analista político John Wesley Reid escribe: «Deja de coquetear con lo que puedes lograr sin consecuencias, y en su lugar persigue la santidad que tenemos a través de Jesucristo».

Pablo lo expresa de esta manera: «Huye de las malas pasiones de la juventud y esmérate en seguir la justicia, la fe, el amor y la paz, junto con los que invocan al Señor con un corazón limpio».[2] De adolescente, en una ocasión me encontraba vagando distraído por un campo cuando de repente vi un toro gigantesco. ¡Eso me enseñó lo que significaba huir! Huir porque los toros son peligrosos. Los toros no son seductores; la inmoralidad sí lo es, y es aún más peligrosa. Huir es la única opción sabia.

La integridad en este ámbito, tanto en el lugar de trabajo como en la familia, es un testimonio poderoso en un mundo donde muchas personas crecen en familias disfuncionales, sin verdadero amor, afecto o estabilidad. Las parejas cristianas tienen el privilegio de demostrar lo que Cristo puede hacer por la familia y así atraer a las personas al evangelio.

El ejemplo de José[3]

El libro de Génesis nos relata la historia de un joven que resistió la tentación sexual en su lugar de trabajo: José. Su historia es famosa, y con razón. Era el favorito de su padre Jacob y la envidia de sus hermanos, quienes casi lo matan, pero en su lugar lo vendieron como

[2] 2 Timoteo 2:22.

[3] Mark A. Hager, *Joseph: A story of love, hate, slavery, power and forgiveness*, Wheaton: Crossway, 2019.

esclavo a Egipto, donde fue comprado por uno de los altos funcionarios del faraón, Potifar. José pronto demostró ser un administrador sumamente eficiente y enseguida fue ascendido a mayordomo principal en el palacio de Potifar.

José tenía el estatus de esclavo en una cultura que no asignaba mucho valor a la vida humana. Sin embargo, no debemos pensar en su situación en términos de la terrible forma de esclavitud abolida por el incansable trabajo del activista social cristiano William Wilberforce y el Grupo de Clapham, con la Ley de Abolición de la Esclavitud de 1833. Antes aún, en los tiempos del Antiguo Testamento, se recoge que a veces los esclavos sentían cierto afecto por sus amos hasta el punto de decir: «No quiero ser libre. Quiero servirte». Esto era muy raro y diferente de la brutal y deshumanizante esclavitud contra la cual luchó Wilberforce.

Sin embargo, a pesar de esos esfuerzos, es un escándalo profundamente inquietante que todavía existan muchos esclavos en el mundo en la actualidad: hombres, mujeres y niños, que sufren de manera indescriptible en las condiciones más inhumanas. Se cree que su número alcanza millones, incluso en las naciones más «civilizadas» de Occidente, incluido, lamento decirlo, el Reino Unido, donde con frecuencia se descubren víctimas de trata de personas.

José claramente gozaba de una considerable libertad cuando se convirtió en el mayordomo principal de la casa de Potifar. Su amo parece haber sido una persona dispuesta a confiar en los demás cuando veía pruebas de que podían ser dignos de confianza. En términos contemporáneos, José se convirtió en el administrador y gerente de alto nivel de una gran organización.

Potifar rápidamente descubrió que su confianza en José estaba bien fundada. Su casa fue bendecida por el Señor, de modo que el oficial no tuvo que preocuparse por nada más que por la comida que comía, un comentario adicional que confirma la autenticidad del documento del Génesis. Se sabe que los egipcios de la época eran meticulosos con su comida.

No nos habrá pasado desapercibido que el testimonio público de José tuvo lugar en su lugar de trabajo, por lo que su historia es relevante para la cuestión más amplia de nuestra propia actitud como creyentes cristianos hacia el trabajo y el lugar de trabajo.

Vimos en nuestra breve introducción a Génesis que el trabajo fue destinado por el Creador a ser una parte integral de la vida humana. Dios asignó a las primeras personas la tarea de cuidar un jardín. Era un entorno de trabajo idílico, donde disfrutaban de la comunión directa con Dios mientras realizaban sus actividades. Todo eso quedó en un pasado distante cuando José entró en su «empleo» como mayordomo en el palacio de Potifar. Hacía mucho tiempo que el pecado había entrado en el mundo y acarreado consigo daño a todos los niveles de la vida. El trabajo se caracterizaba ahora por un elemento de esfuerzo. El entorno ya no era idílico. Las espinas y los cardos, tanto en sentido literal como metafórico, habían brotado. Pensemos, por ejemplo, en la injusticia de la situación de José. Sin embargo, él mantuvo una dignidad, una compostura y una integridad que trascendía la amargura que caracterizaría a muchos de nosotros en su lugar.

Sin embargo, debemos entender que «el Señor estaba con él», y estoy seguro de que José mismo era consciente de ello. Como resultado, su actitud mostraba que no realizaba su trabajo meramente para Potifar sino, en última instancia, para su Dios. Este es un principio de vital importancia, cuyo equivalente se enfatiza en el Nuevo Testamento para los cristianos. Pablo escribe: «Hagan lo que hagan, trabajen de buena gana, como para el Señor y no como para nadie en este mundo, conscientes de que el Señor los recompensará con la herencia. Ustedes sirven a Cristo el Señor» (Col 3:23-24). La clave aquí es: «Hagan lo que hagan». El Señor está interesado en cada aspecto de nuestras vidas, y no solo en lo que consideramos nuestras actividades espirituales. Nuestro trabajo diario debe hacerse para Él. A fin de cuentas, el Hijo de Dios fue carpintero. Para entender lo que esto significa, solo imaginemos cómo nos sentiríamos si Jesús apareciera ante nosotros personalmente y nos dijera: «Me pregunto, ¿podrías hacer esto por mí?». ¿No nos abrumaría un sentido de privilegio y responsabilidad? Pues bien, Él nos habla directamente a través de su palabra, por lo que sin duda nuestra reacción debería conllevar el mismo sentido de privilegio y responsabilidad.

No solo estaba Dios con José, sino que Potifar lo percibía, aunque no entendiera del todo lo que era. La actitud de José hacia su trabajo y su jefe era un testimonio de la realidad de su fe en Dios. Esto llevó a una creciente confianza y Potifar se mostró tan complacido con José que le dio plena libertad para gestionar la propiedad. Sin embargo, con esa confianza y libertad vino el peligro. La esposa de Potifar, a quien suponemos una mujer egipcia muy atractiva, se fijó en el apuesto joven, heredero sin duda de la belleza de su madre Raquel, y como solían estar solos en la casa, comenzó a coquetear con él y acabó intentando seducirlo para que se acostara con ella. Era una gran tentación, no solo por el sexo, sino porque en esa sociedad antigua, bien podría haberle allanado el camino al joven para alcanzar el poder. Muchos psicólogos contemporáneos habrían alentado a José, joven y lleno de hormonas, a disfrutar de la situación. ¿Por qué no?

Sin embargo, José se negó y explicó sus razones. Le dijo a la esposa de Potifar: «Mire, señora: mi amo ya no tiene que preocuparse de nada en la casa, porque todo me lo ha confiado a mí. En esta casa no hay nadie más importante que yo. Mi patrón no me ha negado nada, excepto usted, que es su esposa. ¿Cómo podría yo cometer tal maldad y pecar así contra Dios?» (Gn 39:8-9).

A pesar de su negativa, ella no desistió y, finalmente, lo agarró e intentó atraerlo hacia ella, pero él se soltó, dejó su manto en las manos de ella y huyó. Es evidente que esta situación es muy similar, y a la vez tan diferente, de la escena de la tentación descrita en Génesis 3. En aquel momento, en un hermoso jardín, había una cosa prohibida: el fruto del árbol del conocimiento del bien y del mal, que la mujer ofreció al hombre. Aquí, en un hermoso palacio, la mujer se ofrecía a sí misma como fruto prohibido. Adán sucumbió a la tentación; no estaba dispuesto a rechazar el fruto, porque eso significaría rechazar a la mujer.

Por otro lado, José no cedió. Estaba dispuesto a rechazar a la mujer. ¿Por qué? Porque ella no le pertenecía. Era la esposa de otro hombre y José sabía que tomarla sería violar la palabra de Dios. Conocía la diferencia entre el bien y el mal, y se negó a hacer el mal.

Que estuvieran solos y nadie pudiera verlos no influyó en la decisión de José. Sus principios éticos no eran circunstanciales. Sabía que Dios podía verlo, como también podía ver bajo las tablas del suelo de Jeff. Buscar el reino de Dios significaba que José hacía lo correcto a los ojos de Dios. Se consideraba responsable ante el Señor.

José no falló en su lugar de trabajo en esta ocasión. Sin embargo, Adán y millones de personas más sí lo han hecho. La Biblia es muy realista y nos da ejemplos de personas que, trágicamente, arruinaron sus vidas en este aspecto. Probablemente, el rey David sea el más famoso. No solo cometió adulterio con Betsabé, sino que abusó de su posición como rey (su trabajo) para mandar asesinar al esposo de ella y así quitarlo de en medio. Sin embargo, cuando el profeta Natán lo confrontó con su pecado, David se arrepintió de lo que había hecho y recibió el perdón divino, como se describe en el Salmo 51.

Y nosotros también, aunque es posible que no hayamos caído de la misma manera o tan gravemente como lo hizo David, seguimos pecando y necesitamos arrepentirnos y confesar nuestros pecados al Señor: «Si afirmamos que no tenemos pecado, nos engañamos a nosotros mismos y la verdad no está en nosotros. Si confesamos nuestros pecados, Dios, que es fiel y justo, nos los perdonará y nos limpiará de toda maldad» (1 Juan 1:8-9). Y si pecamos, ya sea en el lugar de trabajo o en cualquier otro lugar, cuanto antes lo arreglemos, mejor. El pecado no confesado tiene una manera de quedarse en nuestra conciencia y reducir la efectividad en nuestras vidas en general, y en el lugar de trabajo en particular. Se necesita valor, pero puede producir gran alivio, acudir a un compañero, confesar que le hemos ofendido y pedir perdón.

Sin embargo, aunque el pecado sea perdonado, ni David ni nosotros podemos eliminar sus consecuencias. No podía devolverle la vida al esposo de Betsabé. El pecado siempre tiene consecuencias. Imagina, por ejemplo, que un conductor ebrio te atropella, te rompe la columna y te deja parapléjico por el resto de tu vida. Puede que, con el tiempo, con la gracia de Dios y el arrepentimiento del conductor, estés dispuesto a perdonarlo, pero seguirás siendo parapléjico. Él no puede deshacer el daño que causó.

La injusticia y el lugar de trabajo

Se puede extraer aún más de la historia de José. Después de que él adoptara su notable postura moral, su jefe, Potifar, regresó a casa, escuchó y aceptó las falsas acusaciones de su esposa respecto al intento de violación. No hay pruebas de que Potifar escuchara la versión de José. Simplemente lo encarceló. José sufrió por hacer lo correcto y lo moral en su lugar de trabajo. No hay garantía de que no experimentemos el mismo tipo de injusticia en el trabajo. Como todo padre sabe, una de las primeras cosas que los niños parecen desarrollar es una fuerte convicción sobre la justicia, una convicción que no desaparece necesariamente con los años. De hecho, la mayoría de nosotros, en algún momento de nuestras vidas, sentimos que estamos siendo tratados de manera injusta, con frecuencia en el lugar de trabajo. Una de las lecciones que nos enseña la vida es que la vida no es justa, y que hay una gran cantidad de injusticia en el mundo. La pregunta es: ¿cómo reaccionamos cuando la injusticia nos afecta? Por ejemplo, ¿cuántos de nosotros hemos trabajado duro para ver cómo un colega, que no ha hecho mucho esfuerzo excepto en congraciarse con sus superiores, obtiene un ascenso cuando sentimos que lo merecíamos más? ¿Cómo debemos comportarnos como cristianos hacia superiores poco razonables, que toman decisiones irrazonables? ¿Deberíamos defendernos? ¿Deberíamos luchar por nuestros derechos? ¿O simplemente dejarlo pasar?

En los tiempos del Nuevo Testamento, gran parte de la población trabajadora en el Imperio romano era esclava. No eran empleados con salarios y derechos, aunque no debemos imaginar que todos fueran como las víctimas de la posterior e inhumana trata de esclavos que se produjo en Gran Bretaña y otros lugares. Algunos realizaban trabajos duros y serviles, pero otros estaban en profesiones especializadas, como la enseñanza, la contabilidad y la gestión de propiedades.

También era posible que algunos esclavos lograran obtener su libertad. Sin embargo, el hecho sigue siendo que eran tratados como mera propiedad por sus dueños. Eran víctimas de un mal social deshumanizante, que un día sería en gran parte abolido por la enseñanza del cristianismo, en manos de hombres como William

Wilberforce. Sin embargo, en ninguna parte del Nuevo Testamento se anima a los esclavos a rebelarse contra el sistema que los había esclavizado. El enfoque bíblico no es el de la revolución violenta. Esto no significa que en el Nuevo Testamento no se critique la esclavitud: Pablo incluye a los «esclavizadores» entre los «inicuos y rebeldes» (1 Ti 1:10). No había una solución rápida para el mal de la esclavitud, ya que estaba profundamente arraigada en la sociedad romana antigua. A medida que el mensaje cristiano se extendía, muchos esclavos respondieron a él y se convirtieron en cristianos, como algunos de los dueños de esclavos. En varios pasajes, los apóstoles se dirigen directamente a los esclavos. Lo que cada uno tiene que decir se aplica con claridad también a los empleados, y esto es muy relevante para nosotros hoy en día:

> En cualquier caso, cada uno debe vivir conforme a la condición que el Señor le asignó y a la cual Dios lo ha llamado. Esta es la norma que establezco en todas las iglesias... ¿Eras esclavo cuando fuiste llamado? No te preocupes, aunque, si tienes la oportunidad de conseguir tu libertad, aprovéchala. Porque el que era esclavo cuando el Señor lo llamó es un liberto del Señor; del mismo modo, el que era libre cuando fue llamado es un esclavo de Cristo. Ustedes fueron comprados por un precio; no se vuelvan esclavos de nadie. Hermanos, cada uno permanezca ante Dios en la condición en que estaba cuando Dios lo llamó». (1 Corintios 7:17, 21-24)

En este pasaje, Pablo aplica a los esclavos domésticos un principio por el que él mismo vivía: estar satisfecho con las circunstancias en las que se encontraba, incluso si eso implicaba estar en prisión. Pero no debían hacerlo de una manera puramente pasiva: si podían obtener su libertad, debían aprovechar la oportunidad. Por lo tanto, este pasaje no debe interpretarse como que Dios no te llamará a otro ámbito de trabajo, como pensaba Lutero. Miroslav Volf ha escrito que, dado que los factores por los cuales Dios guía a las personas a trabajar pueden cambiar a lo largo de la vida laboral, Dios puede, de hecho, guiar a las personas a cambiar de trabajo.

Lo crucial era que debían comportarse como «esclavos de Cristo». Esto debía reflejarse en la actitud servicial del esclavo creyente hacia su jefe, para que la reputación del cristianismo fuera mejorada:

> Todos los que aún son esclavos deben reconocer que sus amos merecen todo respeto; así evitarán que se hable mal del nombre de Dios y de nuestra enseñanza. Los que tienen amos creyentes no deben faltarles al respeto por ser hermanos. Al contrario, deben servirles todavía mejor, porque los que se benefician de sus servicios son creyentes y hermanos queridos. Esto es lo que debes enseñar y recomendar. (1 Timoteo 6:1-2)

> Esclavos, obedezcan a sus amos terrenales con respeto y temor, y con corazón sincero, como a Cristo. No lo hagan solo cuando los estén mirando, como los que quieren ganarse el favor humano, sino como esclavos de Cristo, haciendo de corazón la voluntad de Dios. Sirvan de buena gana, como quien sirve al Señor y no a los hombres, sabiendo que el Señor recompensará a cada uno por el bien que haya hecho, sea esclavo o sea libre. Y ustedes, amos, correspondan a esta actitud de sus esclavos, dejando de amenazarlos. Recuerden que tanto ellos como ustedes tienen un mismo Amo en el cielo y que con él no hay favoritismos. (Efesios 6:5-9)

> Amos, proporcionen a sus esclavos lo que es justo y equitativo, conscientes de que ustedes también tienen un Amo en el cielo. (Colosenses 4:1)

Cada uno de estos pasajes muestra que, a veces, un esclavo creyente estaba al servicio de un amo creyente. En términos de aplicación para hoy, lo importante aquí, afirma Pablo, es que un empleado no debe aprovecharse de que su empleador sea hermano o hermana en Cristo como excusa para ser irrespetuoso. Lamentablemente, esto sucede con demasiada frecuencia y puede crear grandes tensiones, igual que la situación opuesta, donde empleadores cristianos deliberadamente pagan injustamente a sus empleados o les pagan tarde. Es triste en cualquier lugar, pero de manera particular si están involucrados creyentes cristianos.

El apóstol Santiago es contundente en su crítica a tales prácticas, dondequiera que se encuentren:

> Ahora escuchen, ustedes los ricos: ¡lloren a gritos por las calamidades que les vienen encima! Se ha podrido su riqueza y sus ropas están comidas por la polilla. Se han oxidado su oro y su plata. Ese óxido dará testimonio contra ustedes y consumirá como fuego sus cuerpos. Han amontonado riquezas, ¡y eso que estamos en los días finales! Oigan cómo clama contra ustedes el salario no pagado a los obreros que trabajaron en sus campos. El clamor de esos trabajadores ha llegado a oídos del Señor de los Ejércitos. Ustedes han llevado en este mundo una vida de lujo y de placer desenfrenado. Lo que han hecho es engordar para el día de la matanza. Han condenado y matado al justo sin que él ofreciera resistencia. (Santiago 5:1-6)

Si los empleadores cristianos tienen ese tipo de actitud, su fe profesada no tiene valor alguno. Su comportamiento se nota, no solo en la tierra, sino también por un maestro en el cielo. No vale la pena, como veremos más adelante cuando consideremos el tema de la recompensa. La reputación importa.

El Nuevo Testamento también contiene una valiosa carta a cierto Filemón, un amigo de Pablo que era dueño de un esclavo llamado Onésimo, quien se escapó. No se nos dice por qué lo hizo; incluso es posible que Filemón lo hubiera tratado injustamente. Mientras huía, Onésimo conoció a Pablo, que estaba preso en ese momento. Pablo lo llevó a Cristo y lo envió de vuelta a Filemón con una carta en la que le pedía que recibiera al esclavo como a un hermano y ya no como a un esclavo, incluso pidiéndole que lo acogiera de la misma manera que recibiría a su amigo Pablo. El apóstol estaba dispuesto a compensar a Filemón por cualquier pérdida que hubiera sufrido por culpa de Onésimo. La carta paulina es una joya de sensibilidad cristiana hacia la estructura social existente, pero contiene dentro de sí las semillas vivas que eventualmente socavaron y en gran parte pusieron fin a una práctica inhumana.

Finalmente, Jesús mismo tuvo contacto con esclavos. Lucas relata, en primer lugar, que sanó al esclavo de un centurión romano (Lc 7:1-10) y, en segundo lugar, que sanó la oreja del siervo del sumo sacerdote, cortada por la espada empuñada imprudentemente por Pedro (Lc 22:51). Sin embargo, por encima de todo, lo que debe tenerse en cuenta cuando un esclavo, empleado o cualquier otra persona está siendo tratado injustamente, es el ejemplo del Señor.

Esto es lo que el apóstol Pedro dijo al respecto:

> Siervos, sométanse con todo respeto a sus amos, no solo a los buenos y comprensivos, sino también a los insoportables. Porque es digno de elogio que, por causa de la conciencia ante Dios, se soporten las aflicciones, aun sufriendo injustamente. Pero ¿cómo pueden ustedes atribuirse mérito alguno si soportan que los maltraten por persistir en hacer el mal? En cambio, si sufren por hacer el bien, eso merece elogio delante de Dios. Para esto fueron llamados, porque Cristo sufrió por ustedes y les ha dado ejemplo para que sigan sus pasos. «Él no cometió ningún pecado ni hubo engaño en su boca». Cuando proferían insultos contra él, no replicaba con insultos; cuando padecía, no amenazaba, sino que confiaba en aquel que juzga con justicia. Él mismo, en su cuerpo, llevó al madero nuestros pecados, para que muramos al pecado y vivamos para la justicia. Por sus heridas ustedes han sido sanados. Antes eran ustedes como ovejas descarriadas, pero ahora han vuelto al Pastor que cuida de sus vidas. (1 Pedro 2:18-25)

La enseñanza de Pedro puede ser difícil de aceptar. De hecho, si somos honestos, hay aspectos de ella que no nos gustan instintivamente. Sin embargo, es tan relevante para nosotros en el siglo XXI como lo fue en el siglo I, a pesar de los profundos cambios culturales. Su importancia radica en que la mayoría de nosotros no solo experimentaremos un liderazgo justo y bueno, sino también una gestión injusta, ya sea como empleados remunerados o como voluntarios.

Entonces, ¿qué debemos hacer en situaciones en las que hemos sido agraviados o tratados injustamente, o cuando vemos que nuestros colegas son tratados injustamente? Como cristianos, es necesario que actuemos con sabiduría. En primer lugar, debemos notar que el Señor Jesús estaba dispuesto a defender a otros que fueron tratados injustamente y a hablar sobre ello. De hecho, sus críticas mordaces a algunos fariseos por su explotación descarada de los pobres y desamparados son famosas,[4] y con razón. Defender a otros le costó caro a Jesús, ya que atrajo la ira de los fariseos, y nosotros también debemos estar preparados para enfrentar represalias si hablamos en defensa de los demás.

Por otro lado, cuando atacaron a la persona de Jesús, él a menudo aceptaba las críticas sin responder con agresión: «Sobre mí han recaído las burlas de los que te insultan».[5]

Gracias a la influencia de muchos pensadores y reformadores cristianos a lo largo de los siglos, hoy en día los trabajadores, en muchas, pero lamentablemente no en todas las situaciones, tienen ciertos derechos y pueden protestar contra el trato injusto. Por lo tanto, no están en la misma posición que los «criados» o «esclavos» a los que Pedro se dirigía, ya que tienen oportunidades de hablar y defenderse. Después de todo, si no levantamos la voz o no hacemos nada en un mundo contemporáneo donde tenemos la capacidad de hacerlo, aquellos que nos tratan injustamente podrían pensar que tenemos algo que ocultar, sobre todo si la injusticia implica acusaciones de fallos morales o de impropiedad, donde es importante que nos defendamos (suponiendo que no seamos culpables, como cabría esperar). Habrá momentos en los que necesitemos confrontar a un jefe injusto, no solo por nuestro propio bien, sino también por el de los demás. En esa situación, es vital que nuestra actitud sea completamente cristiana. También debemos recordar que no toda ira es pecaminosa.[6]

---

[4] Ver p. ej. Mateo 23.

[5] Romanos 15:3.

[6] Efesios 4:26.

Liderazgo bajo presión: Nehemías, el contratista de construcción

Otro personaje bíblico que también ejemplifica los principios que surgen de buscar el reino de Dios en el lugar de trabajo a nivel de liderazgo, pero que posiblemente no es tan conocido como José y Daniel (sobre ambos he escrito en otro lugar), es Nehemías. El mensaje principal del libro que lleva su nombre es su fidelidad a Dios, mientras trabajaba como contratista de construcción del gobierno, al mando de un gran proyecto para reconstruir la ciudad en ruinas de Jerusalén, en lo que resultaron ser circunstancias muy difíciles.

Nehemías se presenta como copero del rey persa Artajerjes. Esto significa que era un hombre de integridad impecable, ya que se le confiaba el vino del rey en una época cuando envenenarlo era el método favorito de asesinato en el antiguo Oriente Próximo. A partir de sus escritos es evidente que el secreto de esa integridad era su relación con Dios. Nehemías era un hombre que «temía el nombre de Dios» y esa reverencia por Dios era la clave de su actitud hacia su trabajo. Había escuchado informes de que los muros de Jerusalén habían sido derribados y sus puertas quemadas con fuego. Su corazón estaba lleno de preocupación por Jerusalén, y se arriesgó a mostrarlo en su rostro mientras servía al rey. El rey debía de valorar mucho a Nehemías, ya que le preguntó la causa de su preocupación y Nehemías se lo explicó. El resultado sorprendente de la conversación fue una comisión del rey para ir y reparar Jerusalén a expensas del rey.

Este es un ejemplo sobresaliente de cómo la fidelidad en un área de trabajo puede llevar a oportunidades mucho mayores en otra. Nehemías partió bajo la protección de una unidad militar proporcionada por el rey y de inmediato encontró oposición por parte de líderes tribales hostiles a Israel. Sin desanimarse, junto con unos pocos hombres de confianza, inspeccionó los daños por la noche, tras lo cual convocó a los líderes judíos locales:

> Por eso les dije:
>
> —Ustedes son testigos de nuestra desgracia. Jerusalén está en ruinas y sus puertas han sido consumidas por el fuego. ¡Vamos,

> animense! ¡Reconstruyamos la muralla de Jerusalén para que ya nadie se burle de nosotros!
>
> Entonces les conté cómo la bondadosa mano de Dios había estado conmigo y relaté lo que el rey me había dicho. Al oír esto, exclamaron:
>
> —¡Manos a la obra!
>
> Y comenzaron la reconstrucción. (Nehemías 2:17-18)

Que Jerusalén fuera objeto de burla preocupaba profundamente a Nehemías, porque implicaba que Dios estaba siendo ridiculizado y que Su reputación estaba sufriendo ante los ojos del mundo. La noticia de que Nehemías tenía la intención de reconstruir la ciudad se difundió rápidamente, lo que intensificó las burlas. La actitud de Nehemías encaja perfectamente con la exhortación de Pedro: «Mantengan entre los incrédulos una conducta tan ejemplar que, aunque los acusen de hacer el mal, ellos observen las buenas obras de ustedes y glorifiquen a Dios en el día de su visitación» (1 Pedro 2:12).

En esta nueva situación, Nehemías demostró ser un hombre de formidable habilidad gerencial, y la construcción avanzó con rapidez hasta el punto de comenzar a amenazar a los enemigos de Israel. Esto no solo le obligó a dirigir la obra de construcción, sino también a organizar una operación de seguridad importante para proteger con armas a los constructores en el sitio.

Eso ya era lo suficientemente complicado, pero luego Nehemías descubrió que algunos de los israelitas locales estaban extorsionando a su propio pueblo, e incluso esclavizándolo, para que pagaran sus deudas. Nehemías estaba furioso. Sin embargo, con gran destreza, decidió denunciar esas prácticas en público para avergonzar a los responsables y poner fin a estos abusos. De manera increíble, logró que los culpables devolvieran lo que habían tomado. Finalmente, con su aguda comprensión de la naturaleza humana, exigió que los funcionarios juraran cumplir lo prometido.

Lograr algo así requiere una gran autoridad moral. Nehemías la tenía. Durante los doce años anteriores (tiempo que tomó la obra), se había negado a aceptar la asignación de alimentos que le correspondía como gobernador de Judá, otorgada por el rey.

Los gobernadores que lo precedieron habían impuesto fuertes impuestos al pueblo y los oprimían. Nehemías no intentó enriquecerse de manera corrupta, como suele ser lamentablemente típico en quienes ostentan poder. Tampoco abusó de su posición para adquirir tierras, ese bien tan valioso en todas las épocas. Eligió un estilo de vida mucho más sencillo que el de sus predecesores. La razón por la cual siguió adelante con el trabajo sin aprovecharse de sus beneficios potenciales fue esta: «En cambio yo, por temor a Dios, no hice eso» (Neh 5:15).

Lo que hizo para aliviar la presión es igualmente notable:

> A mi mesa se sentaban ciento cincuenta hombres, entre judíos y oficiales, sin contar a los que llegaban de países vecinos. Era tarea de todos los días preparar un buey, seis ovejas escogidas y algunas aves; y cada diez días se traía vino en abundancia. Pero nunca utilicé el impuesto que me correspondía como gobernador, porque ya el pueblo tenía una carga muy pesada.
>
> ¡Recuerda, Dios mío, todo lo que he hecho por este pueblo y favoréceme! (Nehemías 5:17-19)

Este es el mismo comportamiento que Pablo adoptó siglos después, renunciando a sus derechos y financiando su propio trabajo evangelístico, un brillante ejemplo de líder dotado que busca la justicia de Dios en el lugar de trabajo. Y Dios lo recordará para bien.

Como nota al pie podemos observar que Nehemías era profeta, además de contratista de construcción y funcionario público, un hecho que nos lleva de manera ordenada al siguiente capítulo.

Preguntas

1. Piensa en una situación en tu vida en la que experimentaste lo que significaba buscar el reino y la justicia de Dios.
2. ¿Vas al trabajo con una conciencia activa de que el Señor te envía allí?

3. Discute tus experiencias con la tentación moral en el lugar de trabajo y cómo las enfrentaste. ¿Cómo podemos ayudarnos mutuamente a enfrentar tales tentaciones?
4. ¿En qué áreas crees que necesitas trabajar personalmente? ¿Necesitas buscar ayuda?
5. ¿Cuál es la lección más importante que has aprendido de la vida de José?
6. Comparte experiencias de injusticia en el lugar de trabajo. ¿Qué fue y cómo lo manejaste? ¿En qué circunstancias deberías intervenir si ves a alguien siendo tratado injustamente?
7. ¿Qué lecciones sobre el liderazgo podemos aprender de Nehemías?

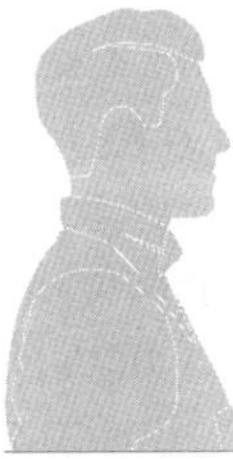

CAPÍTULO 4

¿SECULAR O SAGRADO?

La historia con la que iniciamos el capítulo anterior describe una transición para Pedro (y otros) de un tipo de trabajo a otro. Tales transiciones se describen, a menudo, como un «llamado» del trabajo secular al trabajo cristiano a tiempo completo. Esa noción ha sido, explícita o implícitamente, presentada a muchos jóvenes cristianos como el ideal al que deberían aspirar. Esto, a su vez, ha llevado a muchas personas a imaginar que existen realmente dos clases de cristianos: los que ganan su sustento en el empleo secular y aquellos que están empleados a tiempo completo por la iglesia o para una organización, institución o agencia cristiana.

El sutil subtexto aquí es que el segundo grupo son los cristianos de primera clase y el primero no ha dado la talla, aunque a menudo se espera que el primer grupo financie al segundo. Esta visión proviene, en parte, de la Edad Media, cuando se consideraba una vocación «más alta» o «más santa» ser sacerdote, monje o monja que ser agricultor, comerciante o ama de casa. Debemos percatarnos de que había un problema profundo con esto, ya que estaba (y aún está) asociado con la regla no bíblica que prohíbe el matrimonio, sobre la cual la declaración inflexible de Pablo es bien conocida.[1]

El resultado es que incluso hoy, y no solo en los círculos católicos romanos, la palabra «llamado» se usa en contextos como «llamado al ministerio» o «llamado al trabajo cristiano a tiempo completo». Por ejemplo, un estudiante escribió: «Quería convertirme en director general, pero luego Dios me llamó a algo más grande… Sentí que Dios me estaba llamando al ministerio a tiempo completo». Rara

[1] 1 Timoteo 4:3.

vez escuchamos «llamado a trabajar en la ciudad», «llamado a ser» vendedor, maestro, artista, músico, enfermero, experto en informática, o «llamado a quedarse» en casa como padre o cuidador.

Esto puede llevar a una considerable tensión. Por ejemplo, tenemos a una joven que descubre sentir una gran pasión por el lenguaje y la literatura. Estudia inglés y obtiene un buen título. También es una creyente muy entusiasta que ama trabajar con jóvenes. Cuando le expresa a un líder de la iglesia su deseo de ser profesora de inglés en la escuela, se le responde: «Por supuesto, eso es algo digno de hacer. Pero eres una trabajadora juvenil de talento y serías mucho más efectiva trabajando a tiempo completo en la iglesia». Esto añade presión y crea una tensión en ella entre servir a Dios y convertirse en profesora de escuela.

No se le dicen, como yo haría, sobre las inmensas oportunidades que tiene un profesor de inglés en una escuela, donde puede influir en alumnos que pueden no tener ninguna conexión con la iglesia, enseñarles a pensar y llevarles su cristianismo con cuidado y sensibilidad. Tampoco se le recuerda, como yo le recordaría, que los profesores de escuela tienen vacaciones generosas durante las cuales, si lo desea, puede involucrarse en campamentos cristianos. Ni se le señala que es del todo posible ayudar a dirigir un grupo juvenil, ser orador y/o escritor, a la vez que se es profesora en una escuela. Finalmente, no se le informa de que, en cualquier caso, ni su líder de iglesia ni yo tenemos derecho a decirle qué hacer. Incluso Pedro, el apóstol, se enfrentó a esta lección por parte de Jesús y, por lo tanto, es muy importante. Al final del Evangelio de Juan, en el capítulo 21, tras la conversación en la que Jesús anima a Pedro a apacentar las ovejas, la primera «oveja» que Pedro ve es Juan. «¿Qué hará este hombre?» le inquiere Pedro a Jesús. La respuesta, en un español coloquial, es muy directa: «No es asunto tuyo». Pedro tuvo que aprender, como los pastores y el resto de nosotros, que apacentar ovejas no es lo mismo que controlar a los siervos. Históricamente, la iglesia cristiana profesante ha fallado a menudo en entender esto, y se ha convertido en una experta en controlar a los siervos. Sin embargo, el trabajo de un pastor es alimentar a las ovejas y llevarlas a Jesús, para que respondan a Él como Señor y a nadie más. Lo importante para la estudiante en cuestión es que tome sus decisiones profesionales ante el Señor, y no por sentirse presionada por mí o por cualquier otra persona.

Decirles a otros qué hacer es un asunto serio que solo deben asumir quienes están cualificados. Pablo dejó claras las calificaciones necesarias: «Para esto Cristo murió y volvió a vivir, para ser Señor…» (Ro 14:9). Eso es, como poco, directo: si no hemos muerto y resucitado, más vale que evitemos intentar controlar lo que hacen las personas.

Por supuesto, eso no significa que no necesitemos, o que no debamos buscar, el consejo y la dirección de pastores o de cualquier otra persona; todos necesitamos hacerlo. Simplemente, quienes dan consejos deben asegurarse de hacerlo de tal manera que no estén ocupando el lugar del Señor en la vida de otra persona. Repito, el trabajo de un pastor consiste en guiar a las personas hacia el Señor, para que Él les diga qué hacer, no interponerse entre ellas y el Señor diciéndoles él mismo lo que tienen que hacer. Sin embargo, encontramos la siguiente instrucción en Hebreos: «Obedezcan a sus dirigentes y sométanse a ellos, pues cuidan de ustedes como quienes tienen que rendir cuentas. Obedézcanlos a fin de que ellos cumplan su tarea con alegría y sin quejarse, pues el quejarse no les trae ningún provecho».[2] Y aquellos de nosotros que aspiramos a ser maestros de la Biblia también debemos tener en cuenta la advertencia de Santiago: «Hermanos míos, no pretendan muchos de ustedes ser maestros, pues, como saben, seremos juzgados con más severidad».[3]

Los maestros están obligados a enseñar y los líderes de la iglesia a liderar, pero lo importante es el modo y el estilo de su liderazgo. Su autoridad está determinada por el grado en que viven como Cristo. Pablo escribió: «Imítenme, así como yo imito a Cristo».[4] No siempre es fácil mantener esto en proporción si también ocupas una posición de autoridad en el ámbito secular, por ejemplo, en una corporación

---

[2] Hebreos 13:17.

[3] Santiago 3:1.

[4] 1 Corintios 11:1.

donde muchos otros te miran para que les digas lo que tienen que hacer. Por ejemplo, ¿cómo debería entender su relación un director general cristiano de una multinacional con el ministro o líder de la iglesia? ¿Cuál debería ser su actitud hacia la autoridad de ese líder?

Trabajo «a tiempo completo»

A lo largo de los años me han abordado personas bien intencionadas, a menudo amigos a quienes tengo en alta estima, que sugieren que debería dejar mi enseñanza universitaria e «incursionar en el trabajo a tiempo completo» con su organización. Por supuesto, la enseñanza universitaria es un trabajo «a tiempo completo», pero esta frase se ha vuelto común entre los cristianos para representar el trabajo que involucra exclusivamente las actividades cristianas: la enseñanza, la predicación, el pastorado. Normalmente respondo: «Me temo que ya es demasiado tarde». «¿Cómo puede ser?», responde la persona, «si nunca es demasiado tarde para entrar en un trabajo a tiempo completo». «Me malinterpreta. En realidad, he estado activo en el trabajo cristiano a tiempo completo durante muchos años: parte de ello como profesor universitario de matemáticas, parte como esposo, parte como padre, parte como maestro de la Biblia, parte involucrado en la defensa intelectual del evangelio, parte como amigo, y demás. Todo esto es trabajo para el Señor. El problema es tu definición: El «trabajo cristiano a tiempo completo» no es en realidad un concepto bíblico en sí». A veces, cuando preguntaba cuánto de actividad realmente involucraba este supuesto trabajo a tiempo completo, me entristecía descubrir que estaba haciendo mucho más, en lo que ellos habrían llamado mi tiempo libre.

De hecho, el concepto de trabajo a tiempo completo es una idea peligrosamente engañosa, ya que podría entenderse como que existiera el trabajo cristiano a tiempo parcial. Luego establece una división artificial entre lo secular y lo sagrado que es endémica dentro de la iglesia y que, en última instancia, tiene un efecto limitante en el alcance del mensaje del evangelio. Mark Greene, director del London Institute for Contemporary Christianity, que se refiere a la División Secular-Sagrada como SSD, escribe:

Por culpa de la SSD, la gran mayoría de los cristianos sienten que no reciben apoyo significativo alguno para su trabajo diario ni de la enseñanza, la predicación, la oración, la adoración, los aspectos pastorales o grupales de la vida de la iglesia local. No hay apoyo para cómo pasan el 50 % de sus horas de vigilia. Como lo expresó un maestro: «Dedico una hora a la semana enseñando en la escuela dominical y me llaman al frente de la iglesia para orar por mí. El resto de la semana soy maestro a tiempo completo y la iglesia nunca ha orado por mí. Eso lo dice todo».

Lee la siguiente cita, teniendo en cuenta lo que mencionamos con anterioridad sobre el aspirante a maestro:

> Por culpa de la SSD, un joven de 17 años puede asistir a una excelente conferencia juvenil con miles de jóvenes de entre 12 y 18 años, ser alentado por una enseñanza bíblica impresionante, participar en una adoración que honra a Dios, recibir oración transformadora y ser inspirado con una visión a una vida de servicio y misión, pero nunca escuchar la palabra «escuela» en relación con la misión ni tener el llamado a la misión y el discipulado conectada con el lugar donde pasa una gran proporción de su tiempo despierto.[5]

Por la SSD, David Wilson, exlíder nacional de la organización evangelística Agape, pudo llegar a esta conclusión: «Enseñamos a los adolescentes en la iglesia sobre Jesús, el manso y humilde. Mientras tanto, en el mundo, ellos están estudiando física nuclear. No es de extrañar que se alejen del cristianismo cuando ingresan en la universidad».

O: «La SSD nos dice que el 98 % de nosotros no somos misioneros, ministros o trabajadores cristianos a tiempo completo. Según la SSD, todos los cristianos pueden haber nacido iguales, pero los trabajadores cristianos a tiempo completo son más iguales que los demás. Es una mentira. ¿Acaso Jesús llamó a alguno de nosotros a

---

[5] https://licc.org.uk/resources/the -great-divide/

ser un trabajador cristiano a tiempo parcial? ¿O a tomar nuestra cruz cada día, pero solo cuando llegamos a casa, a la vuelta del trabajo o de la escuela?». ¿Acaso Jesús mismo trabajó a tiempo parcial cuando era carpintero? Es desconcertante.

Fue la SSD la que llevó a un empresario a decir: «La iglesia aprecia mi diezmo, pero no a la empresa que lo generó».

El problema de la autoridad

La SSD puede generar confusión en lo que respecta a los diferentes tipos de autoridad. En el ámbito eclesial, la autoridad recae en los ancianos, los líderes y los pastores que supervisan el bienestar espiritual del rebaño. Ahora, piensa en una directora ejecutiva que dirige el trabajo de miles de empleados en su empresa. Sin embargo, en la iglesia, puede estar bajo la autoridad de líderes que desconocen tales niveles de responsabilidad. Requerirá gran cantidad de gracia para aprender de ellos y a ellos para tomarse su trabajo lo bastante en serio como para alimentarla y guiarla en lo que necesita. Como bien se ha dicho: «Es más fácil alimentar corderos que ovejas maduras».

El trabajo como vocación

Martín Lutero escribió: «Las que parecen ser obras seculares son en realidad alabanzas a Dios y representan una obediencia que le resulta agradable». Lutero tenía un profundo sentido del trabajo como vocación. De hecho, la palabra alemana más usada para describir el trabajo que una persona realiza es *Beruf*, un término derivado del verbo *rufen*, que significa «llamar».

El obispo Hugh Latimer, un reformador inglés que fue quemado en la hoguera en Oxford por su fe, en 1555, recordó a sus compañeros creyentes: «Nuestro Salvador, Cristo, fue carpintero y ganó su sustento con gran esfuerzo. Por lo tanto, que nadie desdeñe seguirlo en una vocación y ocupación común. Porque, así como bendijo nuestra naturaleza al adoptar forma de hombre, también bendijo todas las ocupaciones y artes con sus acciones».

En su ensayo citado con anterioridad, Dorothy Sayers declaró: «Es deber de la Iglesia reconocer que la vocación secular, en sí misma, es sagrada. El pueblo cristiano, y quizá el clero cristiano en particular, debe entender firmemente que cuando un hombre, o una mujer, es llamado a un trabajo secular específico, se trata de una vocación tan verdadera como si hubiera sido llamado al trabajo religioso específicamente».

Elizabeth Elliott, cuyo esposo Jim fue martirizado a los 28 años en 1956 por los indios Auca en Ecuador, escribió: «Mi casa, mi cocina, mi escritorio, mi propio cuerpo están destinados a ser lugares sagrados en este mundo para el Dios eterno».

Por esta razón, el *Theology of Work Project* [Proyecto de Teología del Trabajo] asevera como una de sus convicciones fundamentales: «También afirmamos que el trabajo fuera de la iglesia es tanto "servicio cristiano de tiempo completo" como el trabajo dentro de la iglesia. Todos los cristianos son llamados (es decir, mandados) a realizar todo lo que hacen, las veinticuatro horas, como servicio de tiempo completo a Cristo: "Hagan lo que hagan, trabajen de buena gana, como para el Señor y no para nadie en este mundo" (Col 3:23)».

Como dice Os Guinness: «Primero y, ante todo, somos llamados a Alguien (Dios), no a algo... Es responsabilidad de ese Alguien llamarnos a algo, ya sea al comercio, la enseñanza, el pastorado, la predicación, la maternidad, el trabajo voluntario, o a una combinación de más de uno de estos».

Quizás deberíamos dejar de usar la expresión *a tiempo completo* y simplemente hacer la distinción entre diferentes tipos de trabajo, por ejemplo: la agricultura, los negocios, el hogar y el trabajo en la iglesia, todos los cuales pueden y deben hacerse a tiempo completo para el Señor.

El problema del desempleo juvenil

Hay otro gran problema en esta área. En algunos países, el desempleo juvenil es alto. Por lo tanto, puede ser muy tentador para los jóvenes, recién salidos de la educación, sin experiencia en un trabajo en el que sean responsables ante un gerente o jefe, pensar que, si son cristianos comprometidos, lo que deben hacer es «entrar en la iglesia» o «ingresar en el trabajo cristiano». Incluso se les puede haber enseñado que el trabajo cristiano a tiempo completo es a lo que deben aspirar.

Esta enseñanza los ha llenado con la creencia de que tienen derecho al apoyo financiero de la iglesia o de una organización cristiana. Esto, tristemente, puede parecer una opción fácil. El resultado puede ser desastroso. Al no haber desarrollado un sentido real de responsabilidad y de rendición de cuentas, al efectuar un trabajo simple donde son responsables de su tiempo y sus gastos ante un jefe posiblemente no cristiano, pueden terminar conformándose con un ritmo de trabajo muy pobre. El resultado es que trabajan mucho menos que otros, dejándose llevar a expensas de los demás y, tristemente en algunos casos, dando la impresión de que están en unas vacaciones pagadas permanentes, como yo mismo he visto en demasiadas ocasiones.

Aquí se describe un aspecto de este peligro desde la perspectiva de una organización cristiana estudiantil asiática: «Muchos jóvenes recién graduados no parecen encontrar ese trabajo soñado. Así que, en lugar de quedarse en un trabajo sin futuro, deciden que ir al extranjero como misionero sería una buena manera de matar el tiempo, se vería bien en su currículum y sería una buena excusa para viajar. Están en peligro de llevar a cabo la obra misionera tan solo como forma de escapar a su aburrida vida en casa. Esto no les proporcionará una pasión verdadera por difundir el evangelio y, desde luego, no les seguirá motivando cuando se cansen de la emoción de estar en una nueva cultura (por lo general, esta emoción se desvanece después de tres a seis meses, aunque es diferente para cada persona)».

Ahora bien, no deseo que el lector me malinterprete. El alcance misionero es parte esencial del cristianismo. Después de todo, el Señor Jesús mismo fundó la iglesia, ordenó la misión y la respaldó con toda su autoridad divina. También tengo en alta estima a muchas organizaciones y caridades cristianas. Haber podido trabajar con muchas de ellas ha sido uno de los grandes privilegios de mi vida.

También me alienta encontrar en numerosas iglesias y organizaciones a muchos cristianos comprometidos y activos que, reconociendo el problema que acabo de mencionar, enseñan a aquellos de los que son responsables cómo evitarlo. Ellos también estarían de acuerdo en que no es casualidad que el Señor escogiera como discípulos a hombres maduros y curtidos en el trabajo, que sabían lo que era la vida. Cuántas veces me han comentado los misioneros: «Desearía que las iglesias enviaran personas que sepan trabajar, y no solo a algunos con un poco de educación cristiana en un seminario o algo de actividad cristiana en la iglesia, pero sin una verdadera experiencia laboral que haya forjado carácter y producido un sentido de responsabilidad».

Lo que se necesita, según ellos, es enviar a personas maduras que hayan demostrado ya su capacidad de hacer su «trabajo ordinario» para el Señor.

Por cierto, debemos notar que cuando Jesús llamó a sus primeros discípulos, como Pedro, para convertirlos en «pescadores de hombres», no significaba que nunca más se involucraran en su trabajo anterior. Uno de esos hombres a los que Jesús llamó fue a Pedro, de entre sus experimentados amigos pescadores. Jesús lo llamó a dejar la pesca y unirse a Él en Su misión de pescar hombres, y fue con posterioridad financiado por la comunidad cristiana. Sin embargo, es importante observar que, cuando Pedro no tenía una idea clara de lo que el Señor quería que hiciera a continuación, volvió a la pesca para proveer para él y su familia, y nadie lo criticó por ello, como ya veremos.

Preguntas

1. Comparte experiencias en las que te hayan hecho sentir como un cristiano de «segunda clase». ¿Cómo podemos combatir esto?
2. ¿Por qué sigue utilizándose el concepto de trabajo cristiano de «tiempo completo»? ¿Por conveniencia o por un profundo malentendido?
3. ¿Cómo puede tu iglesia mejorar su actitud hacia tu semana laboral?
4. ¿Consideras tu trabajo como una «vocación»? ¿Eso cambia tu actitud hacia el trabajo?
5. ¿Cuáles son, en tu opinión, los peligros de entrar directamente en el «ministerio» sin tener ninguna experiencia laboral normal?

CAPÍTULO 5

PATRONES DEL EVANGELIO

Ahora volvemos a la distinción establecida entre el propósito supremo del trabajo y sus subproductos. Estos últimos son muchos y variados. El dinero, por supuesto, es uno de ellos. Hay otros a los que no se les puede asignar un valor monetario, el más importante de los cuales es el crecimiento del carácter cristiano, como lo describe Pablo: «En cambio, el fruto del Espíritu es amor, alegría, paz, paciencia, amabilidad, bondad, fidelidad, humildad y dominio propio» (Gá 5:22-23). A eso podríamos añadir la acumulación de conocimiento, experiencia y sabiduría. Podemos pensar en todas estas virtudes como una riqueza real y duradera.

Esto significa que la conexión entre trabajo y riqueza (financiera) no es necesariamente causal. Lo que quiero decir aquí es que no debemos valorar el trabajo que alguien realiza por la cantidad de dinero que genera. Una mujer que se entrega desinteresadamente al trabajo misionero o al cuidado de una familia o de un pariente anciano no generará una recompensa financiera sustancial, pero sí una riqueza de carácter y experiencia que ningún dinero podría comprar.

Una vez que conocemos la diferencia entre el propósito del trabajo y sus recompensas, lo siguiente a considerar es cómo podemos utilizar esas recompensas para ayudarnos a alcanzar el objetivo de buscar el Reino de Dios. Desde el principio, la riqueza generada por el trabajo ha sido utilizada para promover el reino de Dios a través de la difusión del evangelio, y así ha sido desde entonces. Acabamos de ver un ejemplo de esto: la colecta para el alivio de los creyentes pobres en Jerusalén. De forma más general, la ayuda a los pobres, creyentes o no, siempre ha sido parte de la forma en que los cristianos han expresado su fe, y la mayoría de las personas, cristianas o no, pueden ver la importancia y el valor de dicha labor caritativa. Sin embargo, lo que los no cristianos encuentran difícil de entender, y que muchos cristianos no toman tan en serio como deberían, es el dar dirigido a apoyar la obra de difusión del evangelio en obediencia a la Gran Comisión. No obstante, este enfoque en el evangelio para el uso de la riqueza fue evidente desde el principio.

Lucas nos cuenta cómo el ministerio itinerante de Jesús y sus discípulos fue apoyado por un grupo de mujeres que viajaban con ellos: «Después de esto, Jesús estuvo recorriendo los pueblos y las aldeas, proclamando las buenas noticias del reino de Dios. Lo acompañaban los doce y también algunas mujeres que habían sido sanadas de espíritus malignos y de enfermedades: María, a la que llamaban Magdalena y de la que habían salido siete demonios; Juana, esposa de Cuza, el administrador de Herodes; Susana y muchas más que los ayudaban con sus propios recursos» (Lc 8:1-3).

Algunas de estas mujeres, como Juana, probablemente provenían de familias acomodadas; otras, como María, no, pero contribuían con lo que podían. Todas ellas aportaron el bien más precioso de todos: su tiempo. Fue un ministerio vital, aunque costoso.

En el libro de Hechos, la primera historia de la iglesia cristiana, Lucas nos cuenta que algunas iglesias se reunían en casas. Claramente, había creyentes que poseían hogares lo bastante grandes como para acomodar a un buen número de personas. Leemos sobre Priscila y Aquila quienes utilizaron su hogar para ayudar a Apolos. Lucas también relata la conversión de una comerciante internacional de telas, Lidia de Tiatira, que estaba de visita en Filipos por negocios. Ella se convirtió al cristianismo después de escuchar a Pablo; fue, al parecer, la primera conversión en Europa. Inmediatamente vio el potencial de su riqueza: podía usarla para proporcionar un lugar en su hogar como base para Pablo y su equipo (Hch 16:13-15).

Estos ejemplos nos introducen en la idea de patrocinio del evangelio, que podemos entender como la combinación de diferentes tipos de riqueza para su difusión de manera eficaz. Pablo y su equipo estaban dotados de riqueza espiritual e intelectual, Lidia de riqueza financiera, y la combinación de ambos, con Lidia como patrocinadora del equipo de Pablo, fue estratégica para establecer una cabeza de puente para el evangelio en Europa, hacia la cual muchos de nosotros, incluido yo mismo, estamos y estaremos eternamente en deuda. No es difícil ver que un compromiso tan profundo y costoso con la difusión del evangelio llevó a relaciones duraderas entre los involucrados, quienes sirvieron juntos y utilizaron sus diversas habilidades y riquezas con el objetivo común de extender el reino de Dios. Así, desde el principio, el patrocinio del evangelio se caracterizó por su difusión, comunicando el mensaje de la Palabra de manera relacional y sacrificial.

Ahora bien, el peligro de usar la palabra «patrocinador» es que a menudo se usa en referencia a alguien muy rico, y ciertamente hay algunas historias notables sobre cómo las personas muy adineradas han sido utilizadas para difundir el evangelio. Estos relatos merecen ser más conocidos de lo que son, ya que muestran cómo Dios está actuando en todos los niveles de la sociedad. Es cierto, como dice Pablo, que no hay muchos ricos; pero sí hay algunos.

Por ejemplo, a finales del siglo XIX[1] hubo un avivamiento evangélico en Rusia, cuando un noble adinerado, el conde Pashkov, se convirtió a través de Lord Radstock, un creyente del Reino Unido, invitado por mujeres de la nobleza rusa a visitar San Petersburgo. Estas señoras abrieron sus hogares para que él predicara, y fue así como el evangelio penetró profundamente en la alta sociedad de la entonces capital rusa.

Durante los seis meses que Radstock pasó en San Petersburgo, predicó regularmente en los salones de los aristócratas, y el resultado fue la conversión de varios miembros de la élite rusa. De esta manera, después de su partida, quedó un grupo de personas capacitadas para continuar con dichas reuniones. Entre ese grupo estaban el coronel Pashkov, el conde Korff, el conde Bobrinsky, la princesa Natalie Lieven y su hermana, la princesa Vera Gagarina. Durante décadas se

[1] La principal referencia es la obra de Edmund Heier, *Religious Schism and the Russian Aristocracy, 1860-1900: Radstockism and Pashkovism* (157 pp) La Haya: Martinus Hijhoff, 1970. Ver también https://repository.up.ac.za/bitstream/handle/2263/26868/03chapter4.pdf?sequence=4&isAllowed=y

celebraron reuniones en los palacios Lieven y Gagarina, sitos el uno al lado del otro en la Calle Morskaya, en San Petersburgo. La hija de Lieven, Sophie, recordaba: «A menudo, nuestros invitados admiraban nuestra casa y mi madre solía subrayar: "Esta casa pertenece al Señor; yo soy tan solo la sierva de Cristo"».

El palacio de Bolshaya Morskaya 43 no solo funcionaba como iglesia, sino también como hotel para predicadores. La princesa Lieven invitó repetidas veces a Radstock, Baedeker, Müller y otros a quedarse con su familia como huéspedes. También organizó un curso bíblico de seis semanas para jóvenes predicadores. Su palacio fue el centro de reuniones evangélicas durante más de treinta años, mucho después de que los primeros líderes del movimiento fueran exiliados por las autoridades. De hecho, ella misma asumió el liderazgo de las reuniones celebradas en su palacio tras el destierro de Pashkov y Korff de Rusia en 1884. Inevitablemente, las autoridades le ordenaron que cesaran las reuniones bajo amenaza de exilio y lo reportaron al Zar Alejandro III. Su famosa respuesta fue: «Pregúntenle a su Majestad a quién debo obedecer, ¿a Dios o al emperador?». Se cuenta que Alejandro III respondió: «Ella es una viuda; déjenla en paz». Como resultado, las reuniones continuaron en su hogar muchos años más, hasta alrededor de 1912.

Es importante destacar que estas personas de alta cuna no restringieron su mensaje a su propia clase, sino que usaron sus grandes hogares y salones de baile para atraer a todo tipo de personas, de modo que el mensaje del evangelio se difundió rápidamente en una notable cadena de arriba hacia abajo. Fue un excelente ejemplo de patrocinio del evangelio.

Lo que se debe enfatizar aquí, sin embargo, es que una vez encendido el fuego del evangelio, creyentes corrientes y humildes, en muchos casos muy pobres, fueron quienes lo llevaron por todo el país.

Cuando, hace muchos años, conocí por primera vez el relato de este avivamiento en Rusia, no me percaté de que algún día también yo tendría el privilegio de llevar, una vez más, el mensaje a Rusia, esta vez a las Academias de Ciencias, Universidades, Colegios y Escuelas, así como de publicar libros (algunos de ellos coescritos con mi mentor David Gooding). Se distribuyeron por cientos de miles, principalmente a escolares, gracias al maravilloso patrocinio del evangelio de muchas fuentes, grandes y pequeñas.

Lucas era médico, y utilizó su vasta experiencia en su campo para apoyar a Pablo y a su equipo en algunos de los viajes misioneros, mientras viajaban por áreas donde había un considerable riesgo de enfermedades y peligros. Pablo aludía a él como el «médico muy amado».

Lucas era también historiador, y a él le debemos la existencia de la obra en dos volúmenes, Lucas y Hechos. Esos libros estaban dedicados al honorable Teófilo, quien, con toda probabilidad, le hizo el encargo a Lucas y financió la investigación y la redacción de los relatos históricos. La riqueza intelectual de Lucas y la riqueza financiera de Teófilo se combinaron para proporcionarnos una gran parte del Nuevo Testamento. El dinero por sí solo no habría podido hacerlo.

No solo la redacción original de las Escrituras, sino también su traducción para las masas, han dependido de este tipo de patrocinio. Uno de los ejemplos más famosos del siglo XVI es el prodigioso trabajo de William Tyndale en la traducción del Nuevo Testamento. Fue rechazado por el obispo de Londres, quien no estaba dispuesto a apoyar dicha empresa. En 1523, un valiente y previsor comerciante de telas cristiano, Humphrey Monmouth, se asoció con Tyndale y se convirtió en su patrocinador, financiando la misión de Tyndale para traducir las Escrituras al inglés, poniéndolas a disposición del hombre común. Monmouth asumió grandes riesgos al transportar de contrabando las Biblias de Tyndale a Inglaterra en sus barcos. Fue encarcelado en la Torre de Londres durante un año entero por su apoyo a Tyndale y a Lutero.

En su libro informativo *Golspel Patrons,*[2] John Rinehart relata la historia de Monmouth y Tyndale con mayor detalle. También cuenta cómo, más tarde, en el siglo XVIII, Lady Huntingdon invitó a miembros de su círculo aristocrático a su casa en Londres para escuchar a George Whitefield predicar el evangelio.

---

[2] Minneapolis: Reclaimed Publishing, 2013

Por tanto, todos nosotros estamos profundamente endeudados con los patrocinadores del evangelio en el pasado, y muchos cristianos hoy en día testificarían que no podrían haber hecho lo que han hecho sin la inversión de otros que creyeron en ellos, oraron por ellos y los apoyaron. En última instancia, por supuesto, toda riqueza proviene del Señor. Se presenta en varias formas: hay riqueza de dones personales, físicas, emocionales, intelectuales, espirituales, artísticas, musicales; riqueza financiera, riqueza de habilidades organizativas y de negociación, perspicacia empresarial; riqueza de sabiduría y comprensión; riqueza de carácter, amabilidad y satisfacción.

Por consiguiente, deberíamos resistir a la tendencia cultural de pensar en toda la riqueza solo en términos financieros. El «valor neto» de una persona suele calcularse en términos de efectivo, pero ¿qué pasa con el valor neto en términos de integridad moral como esposo o esposa, padre, amigo, persona de negocios, médico o historiador como Lucas? Una persona podría tener un valor neto monetario de miles de millones, pero un valor neto moral de cero como esposo y padre, si abandona egoístamente a su esposa y su familia.

Vemos, tanto en el libro de los Hechos como a lo largo de la historia posterior, cómo el Señor hace avanzar el mensaje de Su reino al combinar equipos de personas con diferentes tipos de riqueza: por ejemplo, la riqueza intelectual de Lucas como historiador y el don apostólico de Pablo, la riqueza financiera de Humphrey Monmouth, y la riqueza lingüística e intelectual de Tyndale. En una medida mucho menor, yo he experimentado esto personalmente, y creo que merece la pena aclararlo, ya que percibo que podría surgir cierta objeción en la mente de algunos de mis lectores en el sentido siguiente: Mira, soy un empresario que sabe cómo funciona el mundo comercial y que ha ganado mucho dinero. Tú, en cambio, eres un académico que vivió de un salario universitario (y ahora de una pensión). Entonces, ¿qué derecho tienes tú de decirme qué hacer con mi riqueza, si no tienes ni idea de las decisiones a las que me tengo que enfrentar?

Bueno, priorizar la distribución de la riqueza que tenemos es un asunto intensamente personal, y a la mayoría de nosotros, incluido yo, nos resulta difícil. Y tienes razón: decirles a otros cómo establecer esas prioridades no es asunto mío. De hecho, lo último que desearía es indicarte qué hacer con tu riqueza; eso es prerrogativa del Señor, no mía, y es muy importante que ambos lo reconozcamos. Cada uno de nosotros debe tomar sus decisiones ante el Señor respecto a lo que hará. Eso implicará observar constantemente dónde están las verdaderas necesidades; aprender a distinguirlas de las peticiones de ayuda espurias; conocer a personas en las que se puede confiar; decidir cuánto deberíamos donar a la caridad en general y cuánto debería destinarse a la difusión del evangelio en casa y en el extranjero. Por ello, tener conexiones es en sí mismo una forma de riqueza, ya que existen muchas personas con riqueza de varios tipos, pero no están conectadas con quienes pueden ayudarlas a colocar esa riqueza para promover la expansión del evangelio. Muchas personas adineradas estarían encantadas de contribuir a causas evangelísticas, pero no tienen las conexiones para hacerlo de una manera que les brinde cierta certeza de estar apoyando algo valioso. Conectar un tipo de riqueza con otro es, en sí mismo, un don vital.

En cuanto a tu objeción a que señale algo sobre el tema que pueda ser relevante para ti, sí, entiendo que puedas pensar que los académicos como yo somos teóricos poco prácticos. Sin embargo, si me permites explicarme, podrías descubrir que entiendo los problemas un poco mejor de lo que piensas. Para ello, es necesario que te hable un poco sobre mi propio camino y la gracia y la bondad de Dios que he experimentado.

En la escuela, me fui dando cuenta poco a poco de que había sido bendecido por el Señor con una considerable riqueza intelectual. Igual que los creyentes como tú que poseen una riqueza, aunque tú no la hayas recibido, cuando yo era adolescente tuve que tomar cada vez más decisiones sobre cómo invertir mi tipo particular de riqueza. Se presentaron varias posibilidades. Me había interesado cada vez más, no solo en mis materias escolares, sino también en las Escrituras; no solo en entenderlas, sino en comunicarlas, e incluso en mis últimos años de adolescencia, ocasionalmente pronunciaba charlas breves en un contexto eclesiástico.

Me sentí particularmente inspirado a hacerlo tras conocer al profesor de clásicos David Gooding, quien me abrió los ojos a las riquezas de la Biblia e invirtió mucho de su tiempo en mostrarme cómo encontrarlas por mí mismo. Acabó convirtiéndose en mi mentor durante toda una vida, en mi colega, mi amigo y coautor.

Como resultado de esa influencia y de mi propio trabajo sobre ese capital, me invitaron cada vez más a liderar estudios bíblicos y enseñar la Biblia en iglesias y conferencias cristianas. En ese tiempo yo estaba estudiando en Cambridge, primero en mi licenciatura y después en mi doctorado. Me casé en mi último año de universidad en 1968, y al año siguiente obtuve una plaza de profesor de matemáticas en la Universidad de Gales en Cardiff.

Ahora era responsable de una esposa, de la enseñanza, de la investigación y de la administración en un departamento de matemáticas. Me sentía responsable como joven esposo de proveer para mi esposa y mi familia, y de realizar mi trabajo con integridad y compromiso. También sentía un fuerte llamado interior de enseñar la Biblia. Eso significaba que tenía que invertir mucho tiempo, tanto en el estudio bíblico como en hablar en muchas iglesias pequeñas de los valles galeses, que se extienden hacia el interior desde Cardiff. Consecuencia de esto fue que no podía dedicar tanto tiempo a la investigación matemática en casa por las noches, en comparación con algunos de mis colegas, aunque sí tenía que corregir los exámenes por ser algo que no podía esperar.

Decidí que trabajaría concienzudamente para el Señor, pero que no vendería mi alma por mi trabajo, como parecía hacer mucha gente, no solo en el mundo académico, sino también en los negocios.

Mi decisión también significaba que mi esposa tenía que sacrificar el tiempo de estar conmigo, aunque en los primeros días, a menudo me acompañaba por las noches y los fines de semana a cumplir con los compromisos locales, y a veces a conferencias residenciales. A lo largo de los años, ella ha brindado un apoyo tremendo y costoso a mis actividades de enseñanza bíblica. Con el tiempo, tuvimos hijos, tres en total, y el problema de equilibrar las prioridades de compromiso aumentó inevitablemente.

Como familia de cuatro, pasamos el año académico 1975-76 en Alemania Occidental. Al final de ese año, un cristiano húngaro que conocí en Berlín, me invitó de forma inesperada a impartir algunas charlas bíblicas en Hungría al año siguiente. Fue el comienzo de una nueva dirección en mi vida: la de los viajes internacionales, principalmente para hablar en conferencias de enseñanza bíblica, a veces combinadas con las conferencias de matemáticas, y por lo general coordinadas con la investigación matemática durante el día y con la predicación realizada por la noche.

Ahora me enfrentaba a un nuevo y muy práctico problema: los costos de viaje y hotel. Los países a los que viajaba en ese momento estaban en su mayoría detrás del telón de acero. Los creyentes allí no estaban en condiciones de financiar los costos de viaje, y ni hablar del costo de alojarse en hoteles, que era la única opción en esos días para proteger a los cristianos que estaba visitando.

Como resultado de un error (que no se corrigió durante muchos años), mi salario universitario era más bajo de lo que debería haber sido. En consecuencia, para proveer a mi familia, tuve que asumir trabajos adicionales traduciendo documentos matemáticos del ruso al inglés. Esta actividad era exigente y no bien remunerada, pero era la única manera que tenía de ganar un poco más de dinero. Poco me imaginaba que el conocimiento de ruso que adquirí al hacerlo llegaría a ser muy importante y útil para mí algún día.

El resultado de todo esto fue que no estaba en posición de financiar viajes a los países del bloque comunista a los que había sido invitado.

Cuando era joven, había leído sobre George Müller, fundador de los Hogares de Niños Müller, y sabía cómo confiaba él silenciosamente en el Señor para suplir sus (considerables) necesidades, sin hacerlas públicas. Decidí hacer lo mismo: deseaba estar realmente seguro de que este llamado procedía en verdad de Dios, ya que implicaba una gran inversión de mi tiempo en estudio y preparación, y largas estancias lejos de casa y de la familia, durante las cuales mi esposa tendría que lidiar con los niños por su cuenta. ¿Y qué pasaría con las matemáticas; podría ocuparme de ellas también en el extranjero?

Lo que sucedió fue mi primera experiencia de patrocinio evangélico. Un empresario cristiano se puso en contacto conmigo, me comentó que había oído hablar de mis actividades (no por mí) y que deseaba financiar mis gastos de viaje y hotel. Cumplió su palabra y lo hizo con generosidad durante muchos años. Hubo años en los que probablemente viajé casi tanto como todos mis colegas del departamento de matemáticas juntos, ya que teníamos muy pocos recursos para visitas externas.

La riqueza financiera de mi patrocinador me permitió usar mi riqueza de entendimiento de las Escrituras, tal como era, para invertir en muchas personas que tenían sed de la palabra de Dios, hasta un grado nunca antes experimentado. Al dar para la obra del Señor a través de mí, mi patrocinador, por definición, estaba reduciendo la cantidad de efectivo disponible para su negocio. Sin embargo, estaba acumulando tesoros en el cielo.

Es importante decir que recibir dicho patrocinio no me eximió de la responsabilidad de compartir mis propios recursos financieros. Todos tenemos múltiples tipos de riqueza, y el Señor nos ha delegado la responsabilidad de decidir de qué forma invertirla como mayordomos en Su reino.

A lo largo de los años, he tenido la alegría de experimentar el patrocinio que ha extendido enormemente el alcance de mi ministerio. Por ejemplo, debo mucho al difunto Sir John Laing, famoso por hacer de Dios «su socio» en su negocio de construcción, en un momento cuando uno de sus grandes proyectos estaba en serios problemas. Cumplió con su compromiso, y los fideicomisos benéficos que llevan su nombre han tenido un impacto enorme en el trabajo cristiano en todo el mundo: en particular, en la facilitación del trabajo misionero, la evangelización y el trabajo con estudiantes, como UCCF e IFES, y en la educación teológica, por ejemplo, en la London School of Theology. Durante los últimos veinticinco años me he beneficiado del apoyo del J W Laing Trust, como becario del Laing Trust en el Green Templeton College (anteriormente Green College), en Oxford. La historia de Laing merece ser conocida de manera más amplia. En octubre de 2022 se celebró el centenario de la fundación J W Laing Trust y la ocasión se señaló con la producción de un cortometraje sobre la vida y la influencia de Sir John, así como con un nuevo y autoritativo libro sobre la historia del Trust escrito por su ex presidente, Alex McIlhenny, que recogía una declaración memorable de Sir John: «El negocio tiende a convertir al hombre en mercenario, y esto se contrarresta con el servicio de dar».[3]

Otro ejemplo es que fui contactado por un empresario e inventor cristiano estadounidense. Había leído uno de mis libros y conectó tanto con su pensamiento que deseaba hacer algo para que mis ideas y mis pensamientos llegaran a un público más amplio. Su idea era hacer una película. El documental, *Against the Tide*, donde aparecemos Kevin Sorbo y yo, ya ha sido lanzado. Al final, su producción involucró a varios patrocinadores generosos que vieron el potencial y decidieron ayudar. Al reflexionar sobre el patrocinio que he experimentado a lo largo de los años, soy muy consciente de que mucho de lo que he podido hacer nunca se habría realizado sin él. Estoy profundamente agradecido.

Una última palabra sobre esto. No debemos permitir que el título algo grandilocuente, «patrocinador del evangelio», oculte que todos los creyentes pueden apoyar el trabajo cristiano, y que muchos, por no decir la mayoría, lo hacen. Por lo tanto, están involucrados como patrocinadores del evangelio, aunque no piensen en sí mismos como tales. Después de todo, es fácil sentirse abrumado por las vastas riquezas de un Humphrey Monmouth, una Lady Huntingdon, un conde Pashkov o una Princesa Lieven, y sentir que, en comparación, no estamos contribuyendo en nada.

Sin embargo, eso no es cierto. Lucas, cuyo patrocinador era Teófilo, también estaba interesado en el tema del apoyo al evangelio por parte de personas que podrían haber sentido que lo que hacían era insignificante, por la obvia razón de que eran muy pobres. El ejemplo más famoso es el comentario de Jesús sobre quienes depositaban dinero en una caja de donaciones: «Jesús se detuvo a observar y vio a los ricos que echaban sus ofrendas en las alcancías del Templo.

---

[3] *The Service of Giving*, Darvel: Opal Trust 2022.

También vio a una viuda pobre que echaba dos moneditas de muy poco valor. —Les aseguro —dijo— que esta viuda pobre ha echado más que todos los demás. Porque todos ellos dieron sus ofrendas de lo que les sobraba; pero ella, de su pobreza, echó todo lo que tenía para su sustento».[4]

Una vez más, aquí la lección importante es la que mencionamos antes, pero que vale la pena enfatizar de nuevo: la conexión entre el trabajo y la riqueza financiera no es necesariamente causal.

La desalentadora verdad es que Dios no mide nuestras contribuciones financieras a su obra en términos de cantidad, sino de calidad. Quizás esta fue una de las razones de su comentario respecto a la caridad:

> »Cuídense de no hacer sus obras de justicia delante de la gente para llamar la atención. Si actúan así, su Padre que está en el cielo no les dará ninguna recompensa.
>
> »Por eso, cuando des a los necesitados, no lo anuncies al son de trompeta, como lo hacen los hipócritas en las sinagogas y en las calles para que la gente les rinda homenaje. Les aseguro que ellos ya han recibido toda su recompensa. Más bien, cuando des a los necesitados, que no se entere tu mano izquierda de lo que hace la derecha, para que tu limosna sea en secreto. Así tu Padre, que ve lo que se hace en secreto, te recompensará. (Mateo 6:1-4)

El corazón humano es tal que, si no tenemos cuidado, podemos hacer nuestras donaciones, sí, incluso a la obra del evangelio, con la motivación de atraer la atención de las personas hacia la que, en nuestra opinión, es la impresionante extensión de nuestra generosidad. Jesús señala que la atención y alabanza de los demás es lo único que obtendremos, ya que no habrá respuesta de Dios Padre en el cielo, a quien no impresionaremos lo más mínimo. Como resultado, habrá muchas sorpresas el día cuando el Señor recompense a los fieles: las donaciones pequeñas, humildes y desapercibidas de los

[4] Lucas 21:1-4

creyentes modestos se convertirán en joyas en sus coronas, mientras que algunas grandes obras de caridad, realizadas de manera ostentosa, ni siquiera serán mencionadas. No demos nunca la impresión de que lo que cuenta es la cantidad. La élite del cielo no será necesariamente la élite de la tierra.

Vale la pena traer constantemente a nuestra memoria que el evangelio comienza con el generoso patrocinio de Dios Padre mismo: «¿Qué tienes que no hayas recibido?»[5] pregunta Pablo. La respuesta es: nada, y eso a todos los niveles. Sí, Dios ha dado, y la pregunta para nosotros es: ¿qué hacemos con lo que Él ha dado? ¿Cómo gestionamos los múltiples dones recibidos?

Preguntas

1. En tu opinión, ¿qué es un patrocinador del evangelio? ¿Por qué es importante el patrocinio del evangelio?
2. ¿Es necesario ser muy rico para ser un patrocinador del evangelio?
3. ¿Qué ejemplos encuentras en este capítulo que te hablan, y por qué?
4. Pregúntate cómo podrías ser un patrocinador del evangelio, si estás en posición para serlo.

---

[5] 1 Corintios 4:7.

CAPÍTULO 6

GESTIÓN DE LA RIQUEZA

Un vistazo superficial a los Evangelios muestra que Lucas está muy interesado en las actitudes hacia las posesiones materiales tanto de los ricos como de los pobres. Ya hemos visto cómo nos relata el apoyo que Jesús y los discípulos recibieron de ciertas mujeres adineradas. También hemos reflexionado sobre la ofrenda de la viuda.

Basaremos nuestra discusión adicional principalmente en el relato de Lucas sobre lo que Jesús indicó respecto a la gestión de la riqueza. Esta enseñanza gira en torno a varias de las parábolas más famosas de Jesús, incluidas el rico insensato, el hijo pródigo, el mayordomo infiel y el (anónimo) rico y Lázaro, el pobre.[1]

El rico insensato (Lucas 12:13-21)

Una multitud enorme, formada por miles de personas, se había reunido alrededor de Jesús. Algunos eran hostiles, y Él advirtió a sus discípulos que les esperaba persecución. En medio de todo esto, un hombre se acercó a Jesús y le pidió que interviniera en una disputa familiar.

Lucas narra cómo se desarrolló la situación:

Uno de entre la multitud le pidió:

—Maestro, dile a mi hermano que comparta la herencia conmigo.

—Hombre —respondió Jesús—, ¿quién me nombró a mí juez o árbitro entre ustedes?

[1] Estoy en deuda aquí con el libro de Kenneth Bailey, *Jesús a través de los ojos de Oriente Medio,* Nashville, TN: Grupo Nelson, 2 julio 2012.

»¡Tengan cuidado! —advirtió a la gente—. Absténganse de toda avaricia; la vida de una persona no depende de la abundancia de sus bienes».

Entonces les contó esta parábola:

—El terreno de un hombre rico produjo una buena cosecha. Así que se puso a pensar: "¿Qué voy a hacer? No tengo dónde almacenar mi cosecha". Por fin dijo: "Ya sé lo que voy a hacer: derribaré mis graneros y construiré otros más grandes, donde pueda almacenar todo mi grano y mis bienes. Y diré: Alma mía, ya tienes bastantes cosas buenas guardadas para muchos años. Descansa, come, bebe y goza de la vida". Pero Dios le dijo: "¡Necio! Esta misma noche te van a reclamar la vida. ¿Y quién se quedará con lo que has acumulado?".

»Así sucede al que acumula riquezas para sí mismo, en vez de ser rico delante de Dios». (Lucas 12:13-21)

Desconocemos si el hombre tenía un caso justificado, ya que Jesús se negó a juzgarlo. Claramente no consideró que fuera responsabilidad suya en aquel momento, aunque lo hará cuando regrese, como veremos más adelante. Pero Jesús sí aprovecha para emitir una advertencia a la multitud sobre el peligro de todo tipo de codicia, y no es difícil ver por qué en ese contexto.

El comentario de David Gooding es adecuado:

> Cuando se trata de posesiones materiales, Cristo no sostiene que obtener nuestros derechos legales sea necesariamente lo mejor para nosotros. Es posible (aunque no necesario) que, al buscar nuestros derechos legales en materia de posesiones, podamos estar (a veces, aunque no siempre) motivados por la codicia. En cuyo caso, obtener nuestros derechos legales sería una victoria para nuestra codicia. Cristo nunca nos ayudará a lograr semejante «victoria».[2]

Gooding continúa explicando que la palabra griega para codicia, *pleonexia*, significa «tener, o querer tener más (más que la parte justa

---

[2] *According to Luke*, Belfast: Myrtlefield House, 2013, p. 251.

que le corresponde a uno)». La razón proporcionada por Jesús para advertir contra esto es que «la vida de una persona no consiste en la abundancia de sus posesiones». Gooding señala que la palabra griega para *abundancia* en este contexto no significa simplemente *en gran cantidad*,[3] sino exceso en el sentido de tener más de lo necesario. De modo que Jesús no está señalando que tener una cantidad razonable de bienes en esta vida sea incorrecto o innecesario, sino que, aun necesitando suficientes bienes para vivir, la vida no consiste en posesiones por encima de lo preciso para satisfacer nuestras necesidades.

Jesús relata ahora una parábola para ilustrar lo que esto significa en la vida cotidiana, en una comunidad agrícola. Un agricultor rico ha tenido una cosecha exitosa y tiene mucho más de lo que necesita. La palabra griega en el versículo 16, traducida *en abundancia*, es la palabra *euphoria*. Esto nos dice exactamente cómo se sentía: eufórico. Decide tomar la medida bastante extrema de derribar sus graneros existentes y construir otros mayores para almacenar su abundante cosecha. Contempla una jubilación larga y sin preocupaciones.

Dios lo llama necio. Ha hecho varias suposiciones falsas. Primero, que su riqueza es solo para sí mismo y para su placer; segundo, que tiene muchos años por vivir, cuando de hecho le queda menos de veinticuatro horas, por lo que, en tercer lugar, ha fallado al no tener en cuenta que es mortal. Cuando muera, todos sus bienes pasarán a otra persona, y nunca podrá disfrutarlos personalmente. No ha sido rico para con Dios, de hecho, ni siquiera ha pensado en Él, que es lo más insensato que alguien puede hacer.

Santiago repite esta enseñanza sobre el peligro de la procrastinación:

> Ahora escuchen esto, ustedes que dicen: «Hoy o mañana iremos a tal o cual ciudad, pasaremos allí un año, haremos negocios y ganaremos dinero». ¡Y eso que ni siquiera saben qué sucederá mañana! ¿Qué es su vida? Ustedes son como la niebla que aparece por un momento

[3] La palabra también se usa con el mismo significado en Lucas 9:17 para referirse a «los fragmentos que sobraron» (RVR1960), y en 15:17 para «abundancia de comida y de sobra».

> y luego se desvanece. Más bien, debieran decir: «Si el Señor quiere, viviremos y haremos esto o aquello». Pero ahora se jactan en sus fanfarronerías. Toda esta jactancia es mala. Así que comete pecado todo el que sabe hacer el bien y no lo hace. (Santiago 4:13-17)

La lección es clara: tanto nuestra vida física como nuestros bienes son dones de Dios. Él puede tomar nuestra vida en cualquier momento, un hecho que es insensato ignorar. La vida tiene una dimensión eterna, y, por lo tanto, debemos hacer nuestros planes para el futuro a la luz de la posibilidad de que podamos encontrarnos en la eternidad mucho antes de lo esperado.

Moisés enseñó esto al pueblo de Israel en un pasaje que debería leerse en su totalidad en Deuteronomio 8:

> Pero ten cuidado de no olvidar al Señor tu Dios. No dejes de cumplir sus mandamientos, leyes y estatutos que yo te encargo hoy. Y cuando hayas comido y te hayas saciado, cuando hayas edificado casas cómodas y las habites, cuando se hayan multiplicado tus vacas y tus ovejas, y hayan aumentado tu plata y tu oro y sean abundantes tus riquezas, no te vuelvas orgulloso ni olvides al Señor tu Dios, quien te sacó de Egipto, el país donde eras esclavo. Él te guio a través del vasto y horrible desierto, esa tierra reseca y sedienta, llena de serpientes venenosas y escorpiones; te dio el agua que hizo brotar de la más dura roca. En el desierto te alimentó con maná, comida que jamás conocieron tus antepasados. Así te humilló y te puso a prueba, para que a fin de cuentas te fuera bien. No se te ocurra pensar: «Esta riqueza es fruto de mi poder y de la fuerza de mis manos». Recuerda al Señor tu Dios, porque es él quien te da el poder para producir esa riqueza; así ha confirmado hoy su pacto que bajo juramento hizo con tus antepasados.
>
> Si llegas a olvidar al Señor tu Dios y sigues a otros dioses para adorarlos y postrarse ante ellos, testifico hoy en contra tuya que ciertamente serás destruido. Si no obedeces al Señor tu Dios, te sucederá lo mismo que a las naciones que el Señor irá destruyendo a tu paso. (Deuteronomio 8:11-20)

Siglos antes de que Jesús pronunciara la parábola del rico insensato, Dios advirtió al pueblo del peligro de la actitud que demostró, nótese en particular el versículo 17 de Santiago 4.

Por lo tanto, necesitamos ser sabios en nuestra forma de usar nuestros bienes materiales para asegurarnos de que, como explicó Jesús, estamos siendo ricos para con Dios, invirtiéndolos para agradarle y promover la piedad. Pero, ¿qué implicará eso?

La codicia se centra en el corazón humano y su deseo de algo que no tiene. ¿Quién de nosotros afirmará no haber sentido nunca ese fuerte deseo de tener más para agregar a nuestro tesoro, a nuestra reserva de lo que consideramos valioso?

Justo después de la parábola del rico insensato, Lucas retoma la enseñanza de Jesús sobre buscar el reino de Dios en nuestro trabajo, que discutimos en los capítulos 2 y 3. Al lector que busca una perspectiva más amplia le recomendamos la explicación de Gooding sobre esto.

La parábola del hijo perdido

Esta historia detalla una forma extrema de abuso de patrocinio, en la que un hijo exige su herencia antes de que su padre muera. Su demanda implica que desea la muerte de su progenitor, una actitud que se consideraría escandalosa en un contexto del Medio Oriente. Los oyentes de Jesús se quedarían atónitos al escuchar semejante cosa. Jesús sigue relatando que el padre, sin embargo, le entrega al hijo la porción de la herencia que le corresponde y, quizá de un modo no tan sorprendente, el hijo procede a desperdiciarla en extravagancias y frivolidades. Inevitablemente, cuando su dinero se agota, pierde a todos sus «amigos» de conveniencia. Se ve reducido a aceptar un trabajo como cuidador de cerdos en un mundo donde no hay generosidad alguna, y mucho menos el tipo de generosidad que había experimentado por parte de su padre. Ni siquiera se le ofrece la comida de los cerdos, aunque estaba tan desesperado que la habría comido de haber sido posible.

Esto lo lleva a un momento de crisis y verdad. Sus ojos se abren en la pocilga. El hombre hambriento y desilusionado recuerda su hogar, con todas sus comodidades: comida, seguridad y potencial para el bienestar. Se da cuenta de que ha sido un completo insensato al desechar el lugar al que pertenece: su hogar. Experimenta un cambio profundo de corazón, se arrepiente y decide regresar y lanzarse a la misericordia de su padre. No tiene expectativas de ser restituido como hijo con todos sus privilegios anteriores. Sin embargo, piensa que tal vez haya una pequeña posibilidad de convertirse en un humilde jornalero en la finca de su padre. Para su total sorpresa, al regresar al pueblo, lo recibe una asombrosa gracia: su padre corre a su encuentro, algo que los hombres mayores y dignos no hacían en aquellos días. El padre recibe con los brazos abiertos a su hijo, perdido por tanto tiempo, y celebra su regreso con una fiesta fastuosa. Es una maravillosa ilustración del núcleo central del mensaje cristiano: abrir los ojos a la verdad, reconocer la necesidad de volver al Padre, arrepentirse y regresar al hogar.

Cuando llega a casa, su hermano mayor se opone, porque no comprende el generoso corazón del padre. ¿Por qué se celebra una fiesta en honor de su hermano derrochador, cuando él nunca tuvo una, a pesar de haber permanecido en casa?

Las lecciones principales son claras:

1. Dios está dispuesto a recibirnos, incluso si hemos malgastado Sus dones, toda vez que nos arrepintamos y volvamos a Él.
2. Hay personas como el hermano mayor, los fariseos mencionados en el contexto, que afirman ser fieles a Dios, pero que piensan que el evangelio del perdón inmerecido es un derroche, e incluso una inmoralidad. Nunca han comprendido lo que significa la gracia.
3. El hijo desperdició los bienes de su padre y quebrantó la confianza que este tenía en él. Sin embargo, el padre lo aceptó de nuevo. Miles de personas se han convertido al escuchar esta parábola, cuando han comprendido la maravilla de la gracia de Dios. Dios está dispuesto a perdonar a cualquiera que se arrepienta genuinamente, incluso si ha arruinado su vida.

4. Esto plantea una pregunta obvia: si hemos desperdiciado lo que Dios nos ha dado, ¿realmente importa si al final nos arrepentimos y volvemos al Señor? ¿Es eso lo que nos enseña la parábola? No, no lo es, y para entender por qué y evitar cualquier malentendido, Jesús narra ahora otra parábola sobre alguien más, que fue acusado de malgastar bienes que no le pertenecían.

La parábola del administrador astuto

La palabra griega para administrador o mayordomo es *oikonomos*, de la cual obtenemos nuestra palabra «economía». Significa «la ley de la casa» (*oikos* = casa, *nomos* = ley) y se usaba para designar a un agente bancario o al administrador de una finca. Este último sea probablemente el caso aquí, a juzgar por la naturaleza de las deudas mencionadas.

Este administrador fue acusado ante su rico jefe de ser un derrochador. Se presentaron varias acusaciones (en plural). Esto nos indica que quienes lo acusaron esperaban que el jefe hiciera algo al respecto, lo que a su vez implica que, en ese contexto del Medio Oriente, el jefe era respetado en la comunidad. De haber sido considerado un sinvergüenza, nadie se habría molestado en darle aviso sobre el mayordomo. Habrían aducido: «Bien merecido lo tiene». Además, está claro que el jefe entendía que las fuentes de la acusación eran confiables, ya que actúa basándose en ellas y convoca al administrador para que rinda cuentas: «¿Qué es esto que oigo de ti?». ¿Está el jefe pidiendo información? En realidad, no. Quiere ver la reacción del administrador. Si el administrador entra en pánico, podría revelar mucho más sobre lo que ha estado ocurriendo. Sin embargo, parece guardar silencio. La tensión del silencio en la narrativa se rompe cuando el hombre rico le pide al administrador que entregue los libros (no que los balancee). En efecto, le está diciendo: «¡Estás despedido!». En la ley antigua, semejante despido se consideraba efectivo de inmediato; por tanto, la actuación del administrador es ilegal, pero ya no es responsabilidad del jefe. Entregar los libros significa el cese de la autoridad del administrador sobre la propiedad, es decir, cuando los entregue, ya que aún están en su posesión. El resto de la historia gira en torno a esa circunstancia.

Ahora viene lo sorprendente en la narrativa. No se menciona que el administrador pida ser restituido. Kenneth Bailey, mencionado anteriormente, pasó décadas observando la escena del Medio Oriente, y señala que nunca encontró una situación en la que un administrador despedido no rogara ser readmitido. En estos casos se recurría a muchos argumentos: 1. Mi padre trabajó para ti, y también mi abuelo, ¿cómo puedes despedirme? 2. ¿Quiénes son las personas que me acusaron? Tráelas aquí y deja que me enfrente a ellas, porque no son más que unos mentirosos. 3. No fue mi culpa. Hemos estado tan ocupados que descuidé parte del trabajo, pero sin duda eres lo bastante magnánimo como para dejarlo pasar solo esta vez, entre otros.

No hubo tal protesta aquí, lo que significa que el administrador sabe que la protesta sería inútil. Su jefe era un hombre de integridad, que no cedería en un asunto así.

Mientras el administrador va a buscar los libros de cuentas, habla consigo mismo y examina el rango de sus posibilidades. Debe conseguir trabajo. ¿Trabajo manual? No es lo bastante fuerte. ¿Pedir limosna? Se avergüenza de hacerlo. No todos se sentirían avergonzados de mendigar en semejante situación, por lo que aquí tenemos una indicación de que el administrador posee un residuo de dignidad personal.

Entonces, se le ocurre una posible solución. Ve una manera de hacer algo que podría llevarlo a ser «recibido en otra casa», que es una frase que significa «que se le ofrezca otro empleo», según el filósofo estoico griego del siglo I, Epicteto. El administrador sabe que, si alguna vez se filtra que fue despedido por fraude, nunca volverá a conseguir empleo. Idea un plan astuto que hará dos cosas: demostrar su astucia y, al mismo tiempo y muy importante para su futuro, hacerlo popular, quizás incluso empleable.

Ahora se apresura a usar la breve ventana de tiempo durante la cual nadie, excepto él y su jefe, saben que ha sido despedido.

Convoca a algunos de los deudores (presumiblemente aquellos que alquilan tierras del hombre rico) para que vengan a él de forma individual. Le pregunta al primero: ¿cuánto debes? No está pidiendo información, ya que tiene el contrato de alquiler frente a él. Está iniciando negociaciones, obteniendo el acuerdo del deudor sobre el monto adeudado. Si el importe que figura en el documento del administrador coincide con lo que dice el deudor, pueden pasar a la siguiente etapa. Si no, tendrá que haber alguna negociación.

El primer deudor admite que debe cien medidas de aceite de oliva, momento en el cual el administrador le entrega su documento y le dice que se siente y escriba cincuenta. Es una reducción enorme, ya que cincuenta medidas de aceite, en ese tiempo, valían alrededor de quinientos denarios, el salario de un año para un trabajador agrícola. Observa que el administrador hace que el deudor escriba el cambio en el documento, para que cualquiera que mire las cuentas sepa que el deudor ha estado involucrado en la transacción y, por lo tanto, lo sabe todo al respecto.

Así, habiendo sido despedido por robar, el administrador decide que su mejor curso de acción es robar mucho más.

El comentarista árabe, Ibn al-Tayyib, señala que esta parábola se sitúa en una cultura de honor y vergüenza, que hace una clara distinción entre la propiedad pública y la conciencia privada. La propiedad pública preserva el honor personal. En este caso, la postura pública del deudor será que no sabía que el administrador había sido despedido y, por lo tanto, pensó que la reducción había sido autorizada por el jefe. En privado, el deudor aceptará un pequeño trato que los beneficiará tanto a él como al administrador, ya que la instrucción de este de «sentarse y escribir cincuenta» implica que los cincuenta adicionales se dividirán después entre ambos. Al ser cómplice, el deudor ha perdido la posibilidad de acudir más tarde al jefe y contarle lo que realmente ocurrió. ¡Astuto! ¡Espero que esto no le dé ideas a nadie!

El resultado no es difícil de predecir. Tras recibir tan generosos descuentos, los deudores regresarán encantados a sus casas y contarán las buenas noticias de su alivio de deuda a sus familiares y amigos. Esa noticia se esparcirá como un reguero de pólvora por el pueblo, hasta que toda la comunidad esté celebrando la generosidad del hombre rico.

El administrador devuelve los libros y se esfuma. El jefe no tardará en descubrir el fraude perpetrado por el astuto administrador ladrón. Pero, ¿qué va a hacer ahora al respecto? De hecho, ¿qué podría hacer? Si acude a los deudores y los informa de que han malinterpretado la situación, ya que se ha producido un fraude y las deudas no se han alterado como piensan, las festividades cesarán de inmediato y el hombre rico será ahora objeto de una difamación interminable.

Su única alternativa real consiste en profundizar su generosidad, asumir las consecuencias y disfrutar de su mayor celebridad. Debemos notar que limitarse a despedir al administrador es otra muestra de su magnanimidad: después de todo, podría haberlo hecho encarcelar o vender como esclavo, posiblemente con su familia también.

En cuanto al administrador despedido, es probable que consiga un nuevo trabajo, ya que los lugareños pensarán que es mejor tenerlo trabajando para ellos que en su contra; después de todo les ahorró mucho dinero y podría volver a hacerlo, aunque sea observado con cuidado.

La narrativa menciona ahora que el jefe (no el Señor Jesús, por favor, tenlo en cuenta) elogia al administrador por su astucia, pero, por supuesto, no por su deshonestidad. Puedes imaginarte diciéndole: «Qué astuto eres, viejo. ¿Cómo se te ocurrió?».

Es una parábola fascinante, diseñada con brillantez para iluminar a la audiencia de Jesús. Él ahora la aplica, y es importante notar los términos precisos en los que lo hace. La utiliza con sus discípulos, que son «hijos de la luz»; este no era, por supuesto, el caso del administrador. Era un hombre deshonesto, un hijo de las tinieblas. Sin embargo, los hijos de la luz, los creyentes en Dios, pueden aprender algo muy importante de la astucia del administrador. Es necesario aclararlo. En la aplicación de Jesús, no son los discípulos los injustos, sino el dinero, de ahí la descripción de «riquezas injustas». Esta es una frase extraña a primera vista. No obstante, no es difícil ver lo que podría significar.

Todos sabemos que el mal en la sociedad ha resultado en una distribución desigual e injusta de la riqueza, donde una enfermera, llevada al agotamiento, poniendo en riesgo su vida luchando contra una pandemia, gana una fracción de lo que gana un futbolista estrella, o que una persona en cualquiera de las muchas profesiones donde no hay riesgo para la vida. Semejante injusticia y desigualdad están tan profundamente incrustadas en las estructuras de nuestra cultura que es difícil imaginar que alguna vez se resolverán, dada la naturaleza humana.

Jesús reconoce esto y, por lo tanto, nos advierte que actuemos como administradores honestos y utilicemos lo que tenemos de manera justa, aunque pueda estar manchado a niveles de los cuales ni siquiera somos conscientes. Piensa en un creyente que desempeñe un trabajo de alto nivel en una gran industria automotriz, que no sabe que parte de la riqueza que disfruta se debe a que algunos ingenieros han manipulado las emisiones de los coches para dar lecturas falsas, con el resultado de una venta exitosa y grandes ingresos para sus empleadores.

Desde la perspectiva de Dios, esa riqueza está manchada. ¿Es ella misma, por lo tanto, cómplice del mal? Si dona parte de su salario para el trabajo misionero médico, ¿están colaborando también los destinatarios agradecidos con el mal? ¿O lo que está sucediendo aquí es una realización de lo que Jesús declara?

En otras palabras, la mayoría de la riqueza tiende a estar manchada en algún punto del proceso; gran parte de ella supera nuestra capacidad para conocer o cambiar. Este pasaje parece estar señalando que el Señor reconoce esta circunstancia y, por lo tanto, no pone el acento en que tratemos de solucionarlo, sino que enfatiza lo que debemos hacer con nuestra «riqueza injusta», esta vez como administradores justos.

Puede que no hayamos sido despedidos como el administrador deshonesto, pero es preciso que nos demos cuenta de que estamos aquí de manera temporal. Por lo tanto, solo tenemos influencia durante un tiempo limitado antes de abandonar este mundo en una fecha incierta en el futuro. Ese día puede llegar antes de lo que pensamos: recuerda al rico necio y su muerte repentina. Jesús afirma que mientras estamos aquí, debemos usar lo que tenemos para *hacer amigos*. ¿Qué tipo de amigos? No los del administrador deshonesto que conspiró con su fraude y así participó en su deshonestidad. Tampoco como esos amigos oportunistas del hijo pródigo en la parábola anterior, que lo dejaron tan pronto como se acabó el suministro de dinero.

Jesús explica a sus discípulos, y a través de ellos a los creyentes a lo largo de las edades, que deben hacer el tipo de amigos que *los recibirán en tabernáculos eternos*.[4] Es decir, amigos que se convierten o son creyentes, y que irán al cielo para estar con el Señor, antes que nosotros. Ellos nos recibirán a nuestra llegada.

Sospecho que todo esto es algo bastante desconocido para muchos de nosotros y, por lo tanto, necesita ser desentrañado para captar sus implicaciones, tan considerables como importantes. Lo primero que hay que entender es que no se trata de un mercenario «que compra» amigos, como hizo el hijo pródigo. Se trata de hacer algo con nuestras posesiones que tenga el efecto de aumentar nuestro círculo de amigos en la eternidad, amigos que, en su mayoría, podemos no conocer.

Recuerda a Humphrey Monmouth, quien financió la traducción de la Biblia al inglés por Tyndale. Me gusta pensar en lo que ocurrirá un día. Junto con todos nosotros (ver más adelante), Humphrey Monmouth llegará al tribunal de Cristo en el cielo. ¿Puedes imaginar cómo reaccionarán las incontables multitudes de personas que se convirtieron gracias a la traducción de Tyndale cuando se enteren de que fue el dinero de Monmouth, y el duro trabajo del traductor, lo que fue instrumental bajo la dirección de Dios en su conversión? ¿No recibirán a esos dos hombres como amigos? Lo mismo ocurrirá con los miles de conversos a través de la predicación de George Whitefield y John Newton, cuando se encuentren con Lady Huntingdon y John Thornton.

---

[4] Lucas 16:9.

Humphrey Monmouth, Lady Huntingdon, John Thornton, y otros miles de patrocinadores que hicieron su trabajo entre bastidores, han establecido una buena base para el mundo venidero. Esto no solo les sucede a los patrocinadores ricos. A un nivel mucho más humilde, piensa en una estudiante de medicina que llegó a su universidad en Cambridge y se sentía bastante sola en su habitación cuando alguien llamó a su puerta. Era otra estudiante que le preguntó si le gustaría acompañarla a tomar un café. Conversaron y, al final, la primera estudiante le preguntó a la segunda por qué la había invitado. No pasó mucho tiempo antes de que la estudiante que ofreció el café comenzara a hablar tranquilamente sobre su fe cristiana. Poco después, la estudiante de medicina entregó su vida a Cristo. No sé quién era la estudiante que compartió su fe, pero cientos de miles saben quién era la estudiante de medicina: Helen Roseveare.

Piensa en esto. La primera estudiante compartió su café. El café cuesta dinero, y ella podría haberlo guardado para sí misma. Pero decidió usarlo para expresar amistad de una manera natural. No tenía ni idea de lo que surgiría de ese encuentro y, sin embargo, resultó ser un maravilloso ejemplo de patrocinio del evangelio. Imagina la reacción de los miles de africanos que se convirtieron a través del ministerio de Helen Roseveare. Eran amigos suyos, pero ¿acaso la chica que la invitó al café será recibida instantáneamente como amiga suya también? Tendrá un amplio círculo de amigos en el mundo venidero.

La parábola del administrador deshonesto trata sobre el dinero. Sin embargo, está claro que los principios que Jesús utilizó en la parábola se aplican a todos esos otros tipos de riqueza que hemos mencionado anteriormente. De hecho, la estudiante no solo usó su dinero, sino que también dedicó su tiempo a hacerse amiga de Helen Roseveare.

Una de las principales y muy alentadoras lecciones aquí es que esto está abierto a cualquiera. Después de todo, ¡solo era una taza de café! Qué ilustración del potencial de las cosas pequeñas. Después de todo, los cinco panes y los dos peces de un joven fueron usados por el Señor para alimentar a cinco mil personas. La clave fue ponerlos en las manos del Señor.

Hasta ahora, las parábolas de Jesús nos han enseñado (entre otras cosas):

1. La gracia de Dios es tal que Él está dispuesto a recibir a un hijo pródigo arrepentido a la hora undécima, a pesar de que haya malgastado lo que se le había dado.
2. Sin embargo, sí importa y de manera eterna que malgastemos lo que se nos ha dado. Tenemos la responsabilidad de usar los frutos del trabajo para hacer amigos que estarán en el cielo para recibirnos.

Pablo enuncia un principio similar para los creyentes ricos:

> A los ricos de este mundo, mándales que no sean arrogantes ni pongan su esperanza en las riquezas, que son tan inseguras, sino en Dios. Él nos provee de todo en abundancia para que lo disfrutemos. Mándales que hagan el bien, que sean ricos en buenas obras, generosos y dispuestos a compartir lo que tienen. De este modo, atesorarán para sí un seguro fundamento para el futuro y obtendrán la vida verdadera. (1 Timoteo 6:17-19)

Notamos que Pablo escribe que aquellos que son ricos *de este mundo* solo serán ricos en el futuro si invierten en el reino de Dios en esta vida, y establecen una buena base *para el futuro.* Esa es la única estrategia de inversión sensata.

Hay más que decir. En particular, ¿qué ocurre con las personas que no son ricas en esta era? Está muy bien decirles a los creyentes que *se valgan de las riquezas deshonestas para ganar amigos,*[5] pero ¿qué pasa si no tienen recursos para hacerlo? Para responder a esa pregunta, Jesús cuenta ahora otra historia sobre alguien en esa situación. Uso la palabra «historia» en lugar de «parábola», ya que el relato se lee como una historia sobre personas reales, confirmada con el uso de un nombre personal, Lázaro, un detalle que no aparece en

[5] Lucas 16:9.

ninguna otra parábola de las que Jesús contó. Que no se mencione el nombre del rico puede mostrar la importancia relativa de los dos personajes.

El rico y Lázaro (Lucas 16:19-26)

»Había un hombre rico que se vestía con púrpura y lino fino, y daba espléndidos banquetes todos los días. A la puerta de su casa se tendía un mendigo llamado Lázaro, que estaba cubierto de llagas y que hubiera querido llenarse el estómago con lo que caía de la mesa del rico. Hasta los perros se acercaban y le lamían las llagas.

»Resulta que murió el mendigo y los ángeles se lo llevaron para que estuviera al lado de Abraham. También murió el rico y lo sepultaron. En los dominios de la muerte, en medio de sus tormentos, el rico levantó los ojos y vio de lejos a Abraham y a Lázaro junto a él. Así que alzó la voz y lo llamó: "Padre Abraham, ten compasión de mí y manda a Lázaro que moje la punta del dedo en agua y me refresque la lengua, porque estoy sufriendo mucho en este fuego". Pero Abraham contestó: "Hijo, recuerda que durante tu vida te fue muy bien, mientras que a Lázaro le fue muy mal; pero ahora a él le toca recibir consuelo aquí, y a ti, sufrir mucho. Además de eso, hay un gran abismo entre nosotros y ustedes, de modo que los que quieren pasar de aquí para allá no pueden, ni tampoco pueden los de allá para acá". (Lucas 16:19-26)

Esta tercera historia en la secuencia también presenta a un hombre rico. El otro personaje principal es un hombre pobre, llamado Lázaro, que yacía a su puerta. Lázaro no era hijo del hombre ni su administrador. Pero, a medida que se desarrolla la historia, nos enteramos de que el hombre rico era consciente de su existencia y sabía su nombre. Lázaro no recibió nada del hombre rico. No se nos indica cómo llegó Lázaro al triste estado en el que se encontraba. Tenía hambre y esperaba al menos recibir las migajas que caían de la mesa del hombre rico, una actitud que recuerda al deseo del hijo pródigo de comer de la comida de los cerdos. El hombre rico no hizo intento alguno por usar su riqueza para ayudar a Lázaro. El único consuelo que recibió Lázaro fue de los perros guardianes (no mascotas, por cierto; en aquella época no se mantenía a los perros como mascotas) que le mostraban algo de simpatía lamiendo sus úlceras.

Lázaro no poseía nada. No tenía amigos y, por lo tanto, habría sido sumamente insensible y cruel predicarle la lección de la parábola del administrador deshonesto. ¿Cómo podrías decirle a un hombre como Lázaro que haga amigos con las riquezas injustas (siendo, por ejemplo, un patrocinador del evangelio), cuando no tenía suficiente comida o refugio y no poseía nada?

Ambos hombres mueren. Lázaro es honrado al ser llevado por los ángeles al lado de Abraham en el cielo. Por el contrario, el hombre rico se encuentra en el Hades, separado de Dios por un abismo insuperable. Sin embargo, quizás para su asombro, el hombre rico puede ver a Lázaro, a lo lejos, en el cielo, disfrutando de la compañía nada menos que de Abraham, uno de los pocos personajes en las Escrituras llamado amigo de Dios.[6]

La lección principal es clara: Dios es un Dios de compensación. Él puede compensar a las personas en el mundo por lo que no tuvieron en esta vida. Puede proveer un amigo en ese mundo al hombre que no tenía amigos en este, sin tener culpa de ello. Lucas también nos habla de un encuentro entre Jesús y otro hombre muy rico, esta vez un gobernante muy diferente en actitud al hombre rico que no tenía tiempo para Lázaro o para Dios.

El dirigente rico (Lucas 18:18-30)

Cierto dirigente preguntó a Jesús:

—Maestro bueno, ¿qué debo hacer para heredar la vida eterna?

—¿Por qué me llamas bueno? —respondió Jesús—. Nadie es bueno sino solo Dios. Ya sabes los mandamientos: "No cometas adulterio, no mates, no robes, no presentes falso testimonio, honra a tu padre y a tu madre".

---

[6] Santiago 2:23.

> —Todo eso lo he cumplido desde que era joven —dijo el hombre.
>
> Al oír esto, Jesús añadió:
>
> —Todavía te falta una cosa: vende todo lo que tienes y repártelo entre los pobres, y tendrás tesoro en el cielo. Luego ven y sígueme.
>
> Cuando el hombre oyó esto, se entristeció mucho, pues era muy rico. Al verlo tan afligido, Jesús comentó:
>
> —¡Qué difícil es para los ricos entrar en el reino de Dios! En realidad, le resulta más fácil a un camello pasar por el ojo de una aguja que a un rico entrar en el reino de Dios.
>
> Los que lo oyeron preguntaron:
>
> —Entonces, ¿quién podrá salvarse?
>
> —Lo que es imposible para los hombres es posible para Dios —aclaró Jesús.
>
> —Mira —le dijo Pedro—, nosotros hemos dejado todo lo que teníamos para seguirte.
>
> —Les aseguro —respondió Jesús— que todo el que por causa del reino de Dios haya dejado casa, esposa, hermanos, padres o hijos recibirá mucho más en este tiempo; y en la edad venidera, la vida eterna. (Lucas 18:18-30)

En varias conversaciones con creyentes que poseen una considerable riqueza financiera, he notado cierto nerviosismo cada vez que se menciona el tema de la dádiva. Algunos han admitido con franqueza que temen ser desafiados con el tiempo a vender todo lo que tienen y donarlo a la caridad, un temor que inhibe su disposición a escuchar más sobre el tema (Lc 16:19-26).

En la dirección opuesta, otros creyentes sinceros han tomado lo que Jesús dijo al joven rico como una instrucción directa para ellos y, sin reflexionar adecuadamente, han vendido todas sus posesiones y han dado el producto a la caridad. Como resultado, esas personas a veces han llegado a depender de familiares (como mencioné al inicio de este libro), y el resultado ha sido que estos se aíslen por completo del cristianismo.

Esto es comprensible, ya que se les explica a los cristianos que, si no proveen para quienes dependen de ellos, son peores que los infieles. Vender todo lo que tienes y dárselo a los pobres no es coherente con esa recomendación. Si regalas toda tu comida, es imposible alimentar a tu familia.

Además, cuando Zaqueo le comentó al Señor que iba a dar la mitad de sus bienes a los pobres, Jesús no lo reprendió, señalando que la mitad no era suficiente, sino que debía darlo todo.[7] Tampoco Pablo le aconsejó a Lidia, cuando ella se convirtió, que vendiera su casa y diera el dinero a los pobres. Por el contrario, se complació en usar esa casa como su base.[8] Hay muchos otros ejemplos similares. Lo que estos ejemplos muestran es, como poco, que el Señor espera que los creyentes actúen como administradores responsables de su riqueza.

¿Qué debemos hacer, pues, con el encuentro de Jesús y este joven rico?

El contexto es que Jesús había estado hablándole a la multitud sobre entrar en el reino de Dios, recibiéndolo como un niño. El gobernante, intrigado, le preguntó a Jesús qué debía hacer para heredar la vida eterna. Su pregunta muestra que pensaba que podía usar su considerable riqueza para pagar la vida eterna en el reino de Dios, tal como había podido comprar todo lo demás hasta entonces. Que pensara que podía hacerlo también muestra que no había entendido mucho sobre el Rey o Su reino. Llamó a Jesús «maestro bueno» y debió de haberse sorprendido con la respuesta: «¿Por qué me llamas bueno? Nadie es bueno sino solo Dios». ¿Realmente quería decir que pensaba que Jesús era Dios? David Gooding comenta: «No era una disputa teológica. Si Jesús era, de hecho, Dios encarnado, y el gobernante había llegado a ver que así era, entonces, por supuesto, el gobernante estaría dispuesto a hacer lo que Él dijera, sin cuestionarlo. Sería una tontería pedir admisión al reino y, desde el mismo principio, rehusarse a hacer lo que el rey mismo afirmó. Pero el gobernante no estaba dispuesto a hacer lo que Jesús le aconsejó. Su «maestro bueno» resultó ser mera cortesía».[9]

---

[7] Lucas 19:1-10.

[8] Hechos 16:11-15.

[9] *According to Luke,* p. 311.

Principio del formularioEn cuanto a lo que el joven rico podía hacer, ¿acaso no conocía los mandamientos de Dios? Jesús le citó cinco de ellos. Sí, había guardado esos mandamientos durante años, aseveró. Gooding continúa: «Recordemos que él había llegado preguntando qué debía hacer para heredar la vida eterna. Cristo le respondió cómo podría tener no solo la vida eterna, sino también tesoro en el cielo (véase Lucas 18:22). Pero cuando descubrió que tendría que elegir entre el tesoro en el cielo y sus considerables posesiones terrenales, decidió que estas últimas eran, después de todo, las más valiosas de las dos. Esa es la dificultad con aquellos que son, de alguna manera, ricos. La preocupación por las posesiones no solo puede dejarlos desprevenidos para los juicios que acompañarán la llegada del reino (véase Lucas 17:26-33), sino que sus posesiones actuales hacen que el reino de Dios parezca mucho menos que aquello supremo y valioso. Se convierte, en el mejor de los casos, en algo que aceptarían gustosamente además de sus riquezas, si pudieran hacerlo de forma conveniente, pero sin tener que elegirlo, si fuera necesario, excluyendo todo lo demás. Y mientras piensen en el reino de esa manera, es dudoso que alguna vez entren en él».

A la multitud le parecía que esto imposibilitaba la salvación. Sin embargo, Jesús respondió: «Lo que es imposible para los hombres es posible para Dios». Y de hecho, había hombres allí presentes, los discípulos de Jesús, que habían dado el paso de dejarlo todo para seguirle. Uno de ellos, Pedro, lo señaló, y Jesús respondió que cada discípulo que haya dejado casa o familiares por el bien del reino de Dios, será compensado abundantemente, no solo en el mundo venidero, sino también en esta vida. En otras palabras, Jesús prometió compensarles mucho más de lo que habían dejado.

No sabemos si el joven rico escuchó este principio importante: que si ponemos a Jesús primero como Señor y le seguimos, Él proveerá para nosotros; pero Él debe ocupar el primer lugar y el gobernante no estaba dispuesto a hacerlo. Más adelante, Pablo podría escribir que sufrió la pérdida de todas las cosas, pero que su corazón estaba lleno de gratitud por las maneras en que el Señor lo había compensado por esa pérdida dándole, por ejemplo, innumerables amigos que se preocupaban de él.

Teniendo todo esto en cuenta, vemos que el Señor no trata a cada individuo de la misma manera, sino según su situación y sus necesidades. Nos corresponde a nosotros responder: «Sí, Señor, haré lo que dices», y dejarle a Él las implicaciones de esa decisión. No necesitamos temer que Él permita que una verdadera respuesta a su llamado contradiga los principios y las enseñanzas que ha establecido en las Escrituras.

El problema del contacto con el mal

En este punto, nos desviaremos un poco para considerar que hay muchas situaciones en la vida en las que es muy difícil, o incluso imposible, evitar el contacto o el trato con el mal en nuestro trabajo. Ya hemos visto esto en las enseñanzas de Jesús sobre lo que Él llamó «riquezas deshonestas», es decir, el dinero que de alguna manera estaba manchado de injusticia en su recorrido a través del sistema económico.

Para entender los diferentes niveles de implicación con el mal, que van desde la complicidad completa hasta la no implicación completa, los teólogos morales y los éticos intentan trazar distinciones de sentido común entre la cooperación intencional y no intencional, entre la cooperación activa y pasiva, y entre la colaboración próxima (o físicamente cercana) y la remota. También han enfatizado la importancia de buscar alternativas al mal y tratar de equilibrar los niveles de cooperación con el mal contra las cosas moralmente buenas que pueden resultar.[10]

El problema surge de vivir en un mundo caído. La entrada del pecado en el mundo a través de la desobediencia humana a Dios, como se describe en Génesis 3, no solo ha dañado nuestra relación con Dios, sino también toda la naturaleza. La mancha del pecado es omnipresente. Nuestro propio compromiso con una sociedad

[10] Ver, por ejemplo, https://www.ewtn.com/vote/moral-cooperation-in-evil-asp

humana compleja e interconectada significa que, a nosotros, hombres y mujeres pecadores, nos resulta difícil evitar cierto grado de contacto, cooperación o incluso complicidad con el mal.

Aquí hay algunos ejemplos más. Tomemos el asunto cotidiano de comprar ropa y zapatos. Trágicamente, algunos de los productos disponibles han sido fabricados en manufacturas que utilizan el trabajo infantil. Una vez que nos enteramos, por ejemplo, de que un cierto gigante de internet está vendiendo dichos artículos sin preocuparse de su origen, tendremos que hacer una elección. No tenemos que seguir comprando allí: podemos tomar la decisión moral de comprar de manera más ética en otro lugar.

¿Qué pasa con el uso irresponsable de plásticos y otros materiales que están contaminando nuestros océanos y aniquilando la vida marina? El naturalista, David Attenborough, ha hecho varias películas magníficas para impactar a las personas y hacer que se tomen este asunto en serio.

¿Qué pasa con el consumo de pollos y otros ganados que han sido mantenido en condiciones increíblemente crueles? Sin embargo, a menudo los consumimos sin pensar en cómo han sido tratados.

¿Qué pasa con la prueba de cosméticos y medicamentos? Los cosméticos solían ser probados en animales sin considerar su sufrimiento y, sin embargo, muchas personas los usaban sin pensar en su origen. Un artículo de 2019 titulado *Bioethics: a look at animal testing in medicine and cosmetics in the UK* [Bioética: una mirada a las pruebas con animales en medicina y cosmética en el Reino Unido] de Stefane Kabene y Said Baadel, nos informan que, afortunadamente, el uso de animales para probar productos cosméticos ha sido prohibido en el Reino Unido y en todos los demás estados miembros de la Unión Europea desde 2013. Sin embargo, otros países como China y los Estados Unidos continúan con la práctica.

Los autores también señalan que alrededor de cincuenta a cien millones de animales son utilizados para experimentos cada año, y más de 1,37 millones de ellos en la experimentación con medicamentos en los Estados Unidos en el año 2010. Declaran: «Los experimentos en genética humana presentan varios desafíos legales y éticos para los investigadores médicos y biológicos, junto con problemas en la creación de procedimientos experimentales utilizando sujetos humanos. Estos problemas ocurren, en parte, porque los procesos de experimentación involucrados en estos tipos de estudios, a menudo conducen a daños genéticos y fisiológicos extensos a los sujetos de prueba. Dichos experimentos suelen involucrar la presentación deliberada de enfermedades y otras modificaciones genéticas a los sujetos de prueba, lo que en general requiere la eutanasia de los sujetos involucrados».[11]

¿Hemos pensado siquiera en verificar si los medicamentos que usamos con regularidad son éticamente «limpios»? Es necesario que seamos muy cuidadosos antes de condenar un medicamento o vacuna en particular por su origen, cuando nosotros mismos hemos estado utilizándolos, aunque sus orígenes pudieran ser similares, pero desconociéndolo.

En este y en muchos otros ejemplos, el conocimiento marca la diferencia; un principio que surge en el Nuevo Testamento en relación con la cuestión de si los cristianos deben comer alimentos sacrificados a ídolos y posteriormente vendidos en los mercados del templo.[12] La decisión de Pablo para la iglesia de Corinto es que ellos, con una conciencia clara ante Dios, podían y debían comer los alimentos que les sirvieran sin plantear el tema de su procedencia. Sin embargo, si sus anfitriones les decían que la comida había sido sacrificada a los ídolos, entonces deberían rechazarla, dejando claro su punto de vista cristiano sobre la idolatría.[13] De lo contrario, serían cómplices de los males del culto a los ídolos. El conocimiento marca la diferencia.

Otro problema que a veces surge es si deberíamos dejar un empleo en el que nuestro empleador realiza actividades a las que nos

[11] *J. Med Ethics Hist Med*, 2019; 12:15. Publicado en línea el 12 de noviembre de 2019. doi: 10.18502/jmehm.v12i15.1875.

[12] Se debe observar que no es el mismo problema que se trata en Romanos 14, donde las leyes de la comida fueron dadas por Dios originalmente y no tenían nada que ver con la adoración a los ídolos.

[13] Ver 1 Corintios 8.

oponemos como cristianos, aunque no se requiera que participemos en ellas. Según lo veo, la respuesta aquí depende del efecto de su comportamiento en la manera en que se nos vea. Por ejemplo, supongamos que estoy empleado por una cadena de alimentos importante, cuyo director general ni siquiera conozco personalmente, pero cuya reputación es de ser infiel a su esposa. Como creyente, no apruebo su comportamiento, pero sería difícil imaginar que mi testimonio ante mi círculo de contactos se viera comprometido por el hecho de que este hombre sea el director general de la empresa para la cual trabajo.

Supongamos, por otro lado, que estoy empleado por una empresa cuya junta directiva ha sido descubierta empleando trabajo infantil en el extranjero, pagando menos del salario mínimo a los trabajadores extranjeros y llevando a cabo una destrucción masiva del medio ambiente. En ese caso, es bastante posible que se me vea como cómplice de tales actitudes y tendría que considerar mi posición como cristiano.

Mencioné anteriormente la situación a la que se enfrentaban algunos comerciantes cristianos en ciudades como Corinto, al tener que pertenecer por lo general a un gremio comercial para que su negocio prosperara. La membresía en tales gremios involucraba, a menudo, participar en ceremonias donde se consumía comida sacrificada a deidades paganas. Pablo les señaló a estos comerciantes que no podían recibir el beneficio financiero sin estar espiritualmente involucrados y, por lo tanto, comprometidos.

A ellos, Pablo les escribió:

> No formen alianza con los incrédulos. ¿Qué tienen en común la justicia y la maldad? ¿O qué comunión puede tener la luz con la oscuridad? ¿Qué armonía tiene Cristo con Belial? ¿Qué tiene en común un creyente con un incrédulo? ¿En qué concuerdan el templo de Dios y los ídolos? Porque nosotros somos templo del Dios viviente. Como él ha dicho: «Viviré con ellos y caminaré entre ellos. Yo seré su Dios y ellos serán mi pueblo». Por tanto, el Señor añade: «¡Salgan de en medio de ellos y apártense! No toquen nada impuro y yo los

recibiré». Y: «Yo seré un Padre para ustedes y ustedes serán mis hijos y mis hijas, dice el Señor Todopoderoso». (2 Corintios 6:14-18)

Era un llamamiento difícil, en el que Dios prometió ser un padre para aquellos que estaban dispuestos a asumir una postura costosa y negarse a comprometerse a unirse al gremio, aunque ello significara perder oportunidades.

Sin embargo, no siempre podemos alejarnos, aunque sea costoso y difícil. No siempre tenemos una opción de salida. Por ejemplo, parte del dinero que pagamos en impuestos puede ser utilizado por el gobierno para fines que consideramos erróneos. Sin embargo, el propio Jesús dio instrucciones de que pagaran los impuestos a César,[14] y sobre el mismo principio, hoy en día así lo hacemos como deber cristiano. Si nos negáramos a hacerlo, podríamos ser enviados a prisión, lo que implicaría que seríamos cómplices de hacer que otros contribuyentes paguen el costo de nuestra encarcelación innecesaria, ¡y esto es apenas una posición moralmente defendible! Peor aún, implicaría poner en riesgo a nuestra propia familia, lo cual no es permisible para un cristiano. Está claro que el Señor no nos considera cómplices de ningún mal que el gobierno pueda hacer con estos ingresos fiscales. Sin duda, Él los considerará responsables. Por lo tanto, debemos dejar el juicio final en Sus manos.

Otro mal muy extendido en ciertas partes del mundo es el esquema de protección. Por ejemplo, la Mafia en Italia ejerce presión sobre los agricultores para que les paguen, amenazándolos de que, si no lo hacen, sus viñedos serán incendiados, su maquinaria agrícola robada o algo peor. ¿Qué deben hacer los cristianos? Negarse a pagar podría significar la pérdida de propiedad o la pérdida de vidas. Al afrontar esta situación, muchos me han dicho que sienten que deben pagar, considerándolo como una especie de impuesto y resolviendo el asunto, porque Jesús nos instó a pagar nuestros impuestos.

Luego, hay muchos países en los que el soborno es generalizado a todos los niveles de la sociedad, donde nada se hace a menos que

[14] Marcos 12:17.

se agregue un «sobrepago» al contrato. En tales circunstancias, los cristianos pueden encontrar difícil o imposible llevar adelante un negocio. Piensa en la situación en la que los medicamentos son escasos y los creyentes no pueden obtenerlos sin un soborno. ¿Qué deben hacer? Los que aceptan sobornos pueden estar empobrecidos y necesitar el dinero ellos mismos. ¿Debemos condenar a esas personas, nosotros que vivimos en sociedades donde, afortunadamente, tales problemas son raros? Estos problemas a menudo son desgarradoramente difíciles y no hay respuestas fáciles, por lo que debemos tener mucho cuidado al tomar una posición moralmente superior y hacer juicios apresurados.

Además, el Apóstol Pablo dijo a los creyentes cristianos en Roma: «Todos deben someterse a las autoridades públicas, pues no hay autoridad que Dios no haya dispuesto así que las que existen fueron establecidas por él».[15] El emperador de la época era el brutal y deshonesto Nerón. Pablo, como ciudadano romano, también apeló al sistema judicial romano, aunque sabía que era corrupto y muy poco probable que fuera justo en su caso: y no lo fue. Lo ejecutaron.

Zaqueo

Las Escrituras mismas abordan un aspecto de este problema de contacto con el mal. Considera el incidente descrito por Lucas, quien por cierto era médico, sobre Zaqueo, un recaudador de impuestos odiado por su complicidad con las autoridades romanas que lo habían hecho muy rico. Quería ver a Jesús mientras pasaba y, como era de baja estatura, subió a un árbol para tener una buena vista. Lucas narra: «Llegando al lugar, Jesús miró hacia arriba y le dijo: Zaqueo, baja enseguida. Tengo que quedarme hoy en tu casa. Así que se apresuró a bajar y, muy contento, recibió a Jesús en su casa. Al ver esto, todos empezaron a murmurar: «Ha ido a hospedarse con un pecador».[16]

Es muy probable que la casa de Zaqueo y la comida que le sirvió al Señor Jesús como huésped honorario fueran producto de su

[15] Romanos 13:1.

[16] Lucas 19:5-7.

extorsión fiscal; sin embargo, Jesús claramente aceptó la hospitalidad. Jesús no tenía pecado. No estaba en complicidad con las acciones de Zaqueo ni cooperaba con su mal hacer, aunque los espectadores pensaban que era lo que estaba haciendo, transigiendo al aceptar la hospitalidad de un hombre que era un pecador.

Que Jesús aceptara la invitación de Zaqueo resultó en que el hombre lo recibiera con alegría. Y entonces, el recaudador se dirige a Jesús: «Mira, Señor, ahora mismo voy a dar a los pobres la mitad de mis bienes y si en algo he defraudado a alguien, le devolveré cuatro veces la cantidad que sea». Y Jesús le dijo: «Hoy ha llegado la salvación a esta casa... ya que este también es hijo de Abraham. Porque el Hijo del hombre vino a buscar y a salvar lo que se había perdido».[17]

Estamos a punto de ver una brillante ilustración de la lección que ya hemos extraído de la parábola del administrador indigno sobre el uso de la «riqueza deshonesta». Zaqueo ciertamente tenía mucha cuando conoció al Señor.

Luego, en él se produjo un cambio de corazón. Recibió la salvación por fe en Jesús, de modo que Él pudo describirlo como «un verdadero hijo de Abraham». Esa experiencia transformó su actitud hacia sus posesiones. Se dio cuenta de que su riqueza estaba seriamente manchada por la extorsión que la había producido. Sin ninguna coerción por parte de Jesús, declaró que daría la mitad de sus bienes a los pobres; personas de quienes, presumiblemente, Zaqueo no había recaudado impuestos, ya que no podían haber pagado. Es importante ver que la salvación de Zaqueo no dependía de su generosidad. La generosidad fue el fruto de su salvación, lo que demostró que era genuina. No fue la raíz de su salvación, pues esta no es por obras.[18]

El resultado de la generosidad de Zaqueo fue, por supuesto, que los pobres recibieron y se beneficiaron de cosas que, como él mismo admitió, habían sido obtenidas de manera fraudulenta de los contribuyentes. Pero Jesús no hace declaración alguna en el sentido de

[17] Lucas 19:8-10.

[18] Efesios 2:8-9.

que Zaqueo no debería actuar así, ya que haría que los receptores fueran cómplices de sus malas acciones. El recaudador de impuestos no se detiene ahí. Se compromete a restituir cuatro veces el dinero extorsionado a los contribuyentes reales. Eso significaba que ellos también se beneficiarían de su comportamiento maligno. Pero ¿quería esto decir que estaban manchados por el mal? No hay indicios de ello.

La historia de Zaqueo puede ayudarnos a entender lo complejo que es este asunto, pero también puede mostrarnos cómo afrontarlo y cumplir con la advertencia de Pablo de no ser vencidos por el mal, sino de vencer el mal con el bien.[19] Dios puede sacar algo bueno de lo malo.

Estos son solo algunos ejemplos de los problemas de vivir en un mundo caído donde el mal acecha por todas partes. Necesitamos mantener nuestras antenas morales y espirituales finamente sintonizadas por las Escrituras y la oración, mientras afrontamos decisiones morales difíciles ante el Señor.

Planificación estratégica

El arrepentimiento y la conversión de Zaqueo condujeron de inmediato a un deseo de enmendar lo que había hecho, y Lucas nos cuenta sobre la estrategia que adoptó para llevar a cabo sus intenciones. Sin embargo, a muchos cristianos se les ha confiado una riquezas que, a diferencia de de Zaqueo, han acumulado de manera honesta. Desean distribuir una parte, pero se enfrentan a un número tan vasto de solicitudes de ayuda que les resulta difícil saber por dónde empezar. Además, muchos creyentes me han compartido su dolor y su decepción por la forma en que sienten que su generosidad a veces ha sido mal utilizada, una experiencia que los ha dejado desconcertados y reacios a involucrarse en apoyar más iniciativas. Esa reacción, a su vez, conduce a sentimientos de culpa, mezquindad y avaricia. Y esta no solo es la experiencia de donantes muy ricos; siento que la mayoría de los cristianos, si no todos, han conocido

[19] Romanos 12:21.

tales decepciones. Por lo tanto, es necesario abordar este tema sin vergüenza, con el fin de elaborar principios que ayuden en futuras donaciones. He consultado a varias personas al respecto y les agradezco por compartir su sabiduría conmigo de forma anónima, algo comprensible.

Además, el Grupo de Recursos Estratégicos (SRG por sus siglas en inglés), que agrupa a los denominados «donantes de alta capacidad», ha consultado a sus miembros experimentados para formular principios de dádivas sabias.

Primero, antes de transferir dinero, en especial sumas sustanciales, tómate el tiempo y el cuidado de construir confianza y relaciones con individuos u organizaciones receptoras potenciales. Esto implicará conocer a las personas que dirigen los proyectos que te interesan y hacer preguntas directas sobre viabilidad, transparencia, rentabilidad y sostenibilidad, entre otras cosas. En otras palabras, como administradores responsables de lo que el Señor nos ha confiado, debemos actuar con la debida diligencia. Esto puede involucrar conocer a otros donantes de los mismos proyectos y preguntarles sobre su experiencia. También puede implicar averiguar cuánto del dinero entregado al proyecto se destina a gastos generales y administración, y cuánto llega en realidad al proyecto en sí. No hay virtud en la irresponsabilidad. Cuidado con la mentalidad de «confía en mí».

También ten cuidado con la mentalidad de «el dinero lo soluciona todo», tan común en las sociedades acomodadas. Existe gran peligro en enfatizar el tamaño de los recursos para abordar los problemas en lugar de pensar primero en la naturaleza de los mismos. Durante la Guerra Fría hubo mucho interés en ayudar a las iglesias detrás del telón de acero, un objetivo loable en sí mismo. Sin embargo, se hizo evidente que algunas iglesias occidentales ricas estaban ejerciendo un control poco saludable, incluso sobre la teología de ciertos grupos, a través de sus donativos de dinero y literatura. El riesgo de la codicia era grande, y a menudo escuché a humildes creyentes de dichos países quejarse del efecto destructivo del dinero occidental. Además, las organizaciones cristianas de Occidente solían depender de los donantes, por lo que en su literatura tenían que presentar historias «emocionantes» sobre lo que las donaciones habían logrado. Esto dio lugar a la tentación de exagerar o incluso fabricar historias calculadas para hacer que la gente sacara más dinero de sus bolsillos.

Preguntas

1. ¿En tu opinión, ¿dónde se equivocó el rico insensato? ¿Cómo podemos evitar cometer el mismo error? ¿Hasta qué punto deberíamos prepararnos para el futuro?
2. Tanto el hijo pródigo como el administrador deshonesto malgastaron bienes; ¿cuál es la diferencia entre ellos y qué podemos aprender de ello?
3. ¿Importa si los creyentes cristianos malgastan sus bienes dado que, después de todo, estarán en el cielo?
4. ¿Qué lección extrae Jesús de la parábola del administrador deshonesto? ¿Cómo la aplicarías a ti mismo? ¿Cómo puedes hacer amigos «con las riquezas deshonestas»?
5. ¿Por qué crees que Jesús contó la historia del rico y Lázaro?
6. ¿Cuál es el mensaje principal que se puede extraer de la historia del joven rico?
7. Discute el problema del contacto inevitable con el mal, dando ejemplos de tu propia experiencia.
8. ¿Alguna vez te has sentido decepcionado con lo que ha pasado con una dádiva que hiciste a una obra cristiana?
9. ¿Cuáles son los pasos de la debida diligencia importantes para ti antes de dar a una persona o causa en particular? Discute estos temas con otros.

CAPÍTULO 7

RECOMPENSAS ETERNAS

«Apunta al cielo y te arrojarán tierra.
Apunta a la tierra y no obtendrás ni lo uno ni lo otro».

C. S. Lewis

En su enseñanza, el Señor Jesús enfatizó constantemente que existe una conexión entre lo que hacemos en esta vida y nuestra experiencia en el mundo venidero. Nos indica que hasta podemos aumentar el círculo de nuestros amigos en la eternidad mediante el uso de los productos secundarios de nuestro trabajo aquí. Esto nos lleva, de manera natural, a lo que la Biblia enseña sobre cómo podemos usar nuestra riqueza de diversas formas para maximizar nuestra efectividad para el reino en asociación con otros.

Hemos considerado el propósito y los resultados del trabajo. Ahora estamos en posición de pensar sobre lo que la Escritura declara sobre el asunto de la recompensa (suprema) por nuestro trabajo. Este es un tema sobre el cual lo primero que se debe afirmar es que muchos cristianos lo evitan porque, hablar de recompensa, en especial el galardón en el cielo, puede llevar a acusaciones de ser mercenario: «Si hago esto, ¿me darás aquello?». Sin embargo, Jesús mismo no se alejó de enseñar a sus discípulos sobre la recompensa, por lo que no es un asunto que cualquier seguidor de Jesús pueda ignorar. Más bien, deberíamos tratar de entenderlo, ya que la enseñanza de Jesús de principio a fin no revela pista alguna de algo mercenario. De hecho, nunca pensaríamos en nosotros mismos como mercenarios porque recibimos un salario al final del mes.

C. S. Lewis expone la siguiente idea:

> No debemos preocuparnos por los incrédulos cuando alegan que esta promesa de recompensa convierte la vida cristiana en un asunto mercenario. Existen diferentes tipos de recompensa. Hay una recompensa que no tiene conexión natural con las cosas que haces para ganarla y es bastante ajena a los deseos que deberían acompañar a esas cosas. El dinero no es el galardón natural del amor, por eso llamamos mercenario a un hombre si se casa con una mujer por su dinero. Pero el matrimonio es la recompensa apropiada para un verdadero amante, y no es mercenario desearlo… El escolar que empieza a estudiar gramática griega no puede esperar disfrutar de Sófocles de adulto como un amante espera el matrimonio o un general la victoria. Tiene que comenzar trabajando por las calificaciones, para evitar el castigo o para complacer a sus padres, o, en el mejor de los casos, con la esperanza de un bien futuro que en el presente no puede imaginar o desear. Su posición, por lo tanto, guarda cierta semejanza con la del mercenario; la recompensa que va a obtener será, en realidad, una recompensa natural o apropiada, pero no lo sabrá hasta que la haya obtenido…
>
> En relación con el cielo, el cristiano está en una posición muy similar a la de este escolar. Aquellos que han alcanzado la vida eterna en la visión de Dios sin duda saben muy bien que no es un simple soborno, sino la consumación misma de su discipulado terrenal; pero nosotros, que aún no lo hemos alcanzado, no podemos saber esto de la misma manera, y ni siquiera podemos comenzar a saberlo excepto obedeciendo y encontrando la primera recompensa de nuestra obediencia en nuestro creciente poder para desear la recompensa última…[1]

La perspicacia de Lewis nos ayuda a entender lo que la Escritura dice respecto al modo en que lo que hacemos con nuestra vida (laboral) aquí en la tierra afecta nuestra vida en el mundo venidero.

---

[1] C. S. Lewis, *The Weight of Glory*, Nueva York: Macmillan, 1940, pp. 1-3.

Sin embargo, antes de pensar en esto, deberíamos recordar las lecciones que hemos aprendido hasta ahora: que la entrada a la presencia de Dios en el cielo no es una recompensa. No podemos ganar nuestro lugar en el cielo, como muchas personas piensan erróneamente. La salvación es por gracia, por medio de la fe y no por obras meritorias. Pablo escribe:

> Ahora bien, cuando alguien trabaja, no se le toma en cuenta el salario como un favor, sino como una deuda. Sin embargo, al que no trabaja, sino que cree en el que justifica al impío, se le toma en cuenta la fe como justicia. David dice lo mismo cuando habla de la dicha de aquel a quien Dios le atribuye justicia sin la mediación de las obras:
>
> «¡Dichosos aquellos a quienes se les perdonan las transgresiones,
> cuyos pecados son cubiertos!
> ¡Dichoso aquel cuyo pecado el Señor no tomará en cuenta!».
> (Romanos 4:4-9)

Esto apenas podría expresarse con mayor claridad: «al que no trabaja ...». Tampoco es el caso que se necesite fe para hacer las obras que ganan la salvación, como algunos imaginan. No. La fe en Cristo es justamente lo opuesto al trabajo. La salvación implica ser nacido de nuevo, es decir, recibir vida eterna, sobre la cual Jesús asevera: «Les aseguro que el que oye mi palabra y cree al que me envió tiene vida eterna y no será juzgado, sino que ha pasado de la muerte a la vida» (Juan 5:24).

En Juan 5, Jesús ha estado hablando de sí mismo como el Juez final designado por Dios para la humanidad. Como Juez, afirma categóricamente que aquellos que creen en Él «no será juzgado». Esto se infiere en las palabras de David citadas con anterioridad en Romanos 4. El creyente en Cristo nunca se enfrentará a la pena de sus pecados en ese gran trono blanco del juicio final, ya que Cristo ha pagado esa pena por ellos. Este es el evangelio magnífico.

Esto no significa que los creyentes no afrontarán jamás una evaluación por lo que han hecho con sus vidas en general y en su trabajo en particular. Ese es un asunto muy diferente. La Escritura enseña que se producirá dicha evaluación en lo que se llama el «trono de juicio». Pablo explica lo que implica: «Por eso nos empeñamos en agradarle, ya sea que vivamos en nuestro cuerpo o que lo hayamos dejado. Porque es necesario que todos comparezcamos ante el tribunal de Cristo para que cada uno reciba lo que le corresponda, según lo bueno o malo que haya hecho mientras vivió en el cuerpo. Por tanto, como sabemos lo que es temer al Señor, tratamos de persuadir a todos, aunque para Dios es evidente lo que somos, y espero que también lo sea para la conciencia de ustedes». (2 Co 5:9-11).

Pablo está escribiendo a los creyentes, no al mundo en general, sobre lo que sucede después de la muerte. Mientras aún está en la tierra, Pablo convierte el agradar al Señor en su objetivo. La razón que da para esto aquí es que: «es necesario que todos comparezcamos ante el tribunal de Cristo para que cada uno reciba lo que le corresponda, según lo bueno o malo que haya hecho mientras vivió en el cuerpo» (v. 10).

El problema en el tribunal de Cristo es la evaluación y la recompensa por lo que los creyentes han hecho en sus vidas. No puede ser, y de hecho no es, la salvación, que no es por obras. El asunto que se tratará en el tribunal de Cristo es la recompensa por las obras, no la salvación. Pablo explica con más detalle cómo funcionará el tribunal de Cristo: «¿por qué juzgas a tu hermano? O tú, ¿por qué lo menosprecias? ¡Todos tendremos que comparecer ante el tribunal de Dios! Está escrito: Tan cierto como que yo vivo, dice el Señor, ante mí se doblará toda rodilla y toda lengua confesará a Dios. Así que cada uno de nosotros tendrá que dar cuentas de sí a Dios» (Ro 14:10-12).

Pablo advierte a los creyentes en Roma que sean cuidadosos con su evaluación de los demás, ya que, un día, tendrán que rendir cuentas ante Dios. Esto parece implicar que este juicio no será tan solo la lectura de un veredicto, acompañado de la recompensa apropiada, sino que involucrará a la persona juzgada dando cuenta de sí misma. Obtenemos una visión adicional de este proceso en la enseñanza de nuestro Señor en el Sermón del Monte:

»No juzguen para que nadie los juzgue a ustedes. Porque tal como juzguen se les juzgará, y con la medida que midan a otros, se les medirá a ustedes.

»¿Por qué te fijas en la astilla que tiene tu hermano en el ojo y no le das importancia a la viga que está en el tuyo? ¿Cómo puedes decirle a tu hermano: "Déjame sacarte la astilla del ojo", cuando ahí tienes una viga en el tuyo? ¡Hipócrita!, saca primero la viga de tu propio ojo, entonces verás con claridad para sacar la astilla del ojo de tu hermano. (Mateo 7:1-5)

¿Podría el principio enunciado en el versículo 2 imaginarse razonablemente de la siguiente manera? Pensemos en todos los juicios que hemos hecho sobre los demás, en especial de nuestros compañeros de trabajo, por ejemplo, en el último mes. Ahora imaginemos que estos juicios se analizan para encontrar los criterios que usamos para hacerlos. Finalmente, imaginemos que estos criterios, nuestros criterios, son utilizados por el Señor para evaluar nuestro propio comportamiento y trabajo. Esa perspectiva no proporcionará a muchos de nosotros una alegre expectativa, ¿verdad? Sin embargo, sin duda no podríamos argumentar que fuera inapropiado o injusto. Y eso es exactamente lo que va a suceder.

Pablo y el Señor están usando la anticipación del tribunal de Cristo para animar a las personas a controlar sus actitudes hacia los demás y su comportamiento aquí en la tierra. Se ajusta al viejo adagio: «Mejor resolverlo ahora que esperar a que el Señor lo resuelva por nosotros». Es necesario que nos tomemos esto en serio en todos los aspectos de nuestras vidas, de forma particular en nuestra familia y en nuestro lugar de trabajo. Una razón adicional para hacerlo se ve en la visión adicional que Pablo nos proporciona respecto a esta evaluación final de nuestras vidas:

Según la gracia que Dios me ha dado, yo, como maestro constructor, puse el fundamento y otro construye sobre él. Pero cada uno tenga cuidado de cómo construye, porque nadie puede poner un fundamento diferente del que ya está puesto, que es Jesucristo. Si alguien

> construye sobre este fundamento ya sea con oro, plata y piedras preciosas, o con madera, heno y paja, su obra se mostrará tal cual es, pues el día del juicio la dejará al descubierto. El fuego la dará a conocer y pondrá a prueba la calidad del trabajo de cada uno. Si lo que alguien ha construido permanece, recibirá su recompensa, pero si su obra es consumida por las llamas, él sufrirá pérdida. Será salvo, pero como quien pasa por el fuego. (1 Corintios 3:10-15)

Aquí, Pablo compara nuestras vidas como creyentes con edificios en construcción, y distingue cuidadosamente entre sus fundamentos y su superestructura. El fundamento de la vida de un creyente es Cristo, y solo Cristo. Pero lo que construyamos sobre ese fundamento variará en calidad para cada uno de nosotros, y esa calidad importa, ya que, algún día, será probado por fuego. Por cierto, no por el fuego del purgatorio. Cuando se presenta a Jesús como juez en Apocalipsis 1, se le ve con «ojos como llama de fuego». El juicio consiste en el escrutinio de esos ojos. Pablo no nos comenta esto para asustarnos. Debemos recordar que el Juez, con esos ojos que todo lo ven, es quien «nos amó y nos liberó de nuestros pecados con su sangre». Pablo nos informa de esto para que nuestra conciencia de lo que sucederá en el futuro influya en cómo vivimos en el presente. C. S. Lewis lo expresa de un modo maravilloso: «No esperando llegar al cielo como recompensa por tus acciones, sino queriendo inevitablemente actuar de cierta manera porque un primer tenue resplandor del cielo ya está dentro de ti» (*Mero Cristianismo*).

Debemos enfrentarnos al hecho de que, si construimos basura inaceptable en nuestras vidas como cristianos, algún día todo se quemará, y sufriremos pérdida. Sin embargo, Pablo se cuida de decir que la pérdida que se sufrirá no es la pérdida de la salvación. Añade que las personas mismas serán salvadas, pero como por fuego. Todavía insiste en que la salvación en sí misma no depende de las obras y, por lo tanto, no se puede perder. De esto deducimos lo siguiente:

Principio: Los creyentes serán evaluados por el Señor después de la muerte, no para determinar si son salvos o no, sino para evaluar

la calidad de lo que han hecho durante sus vidas y ser recompensados por ello, ya sea de manera positiva como negativa.

Tomar este principio en serio marcaría una gran diferencia en cada parte de nuestra vida, sobre todo en el lugar de trabajo. Solo piensa en todos los chismes, traiciones, difamaciones, descripciones falsas de productos o cuentas, inflación de calificaciones, informes inexactos, una lista interminable de cosas que suceden en oficinas, talleres, hospitales, salas de juntas, y otros. Qué diferencia haría si, antes de evaluar a otra persona, nos detuviéramos a pensar que los criterios sobre los cuales hacemos ese juicio podrían ser utilizados un día para evaluarnos a nosotros.

Recompensa por seguir al Señor

Para obtener una imagen completa, ahora examinamos lo que Jesús enseñó específicamente a sus discípulos sobre la recompensa, en una ocasión cuando Pedro le preguntó sobre el tema. En respuesta, el discípulo argumentó: «¡Mira, nosotros lo hemos dejado todo por seguirte! —le dijo Pedro. ¿Y qué ganamos con eso? —Les aseguro —respondió Jesús— que en la renovación de todas las cosas, cuando el Hijo del hombre se siente en su trono glorioso, ustedes que me han seguido se sentarán también en doce tronos para juzgar a las doce tribus de Israel. Y todo el que por mi causa haya dejado casas, hermanos, hermanas, padre, madre, hijos o terrenos recibirá cien veces más y heredará la vida eterna. Pero muchos de los primeros serán últimos y los últimos serán primeros» (Mt 19:27-30).

Jesús no reprendió a Pedro por su pregunta ni lo acusó de tener una actitud mercenaria. Le dio una respuesta clara. Llegaría un día en que Él, el Hijo del Hombre, se sentaría en Su trono glorioso. Más adelante en Mateo, Jesús explica que esto ocurrirá «en la resurrección». En ese momento, los apóstoles tendrían un papel especial y se sentarían en doce tronos para juzgar a las doce tribus de Israel. En cuanto a los demás, Jesús indica que habrá una recompensa al ciento por uno (¡diez mil por ciento!) por lo que los creyentes han tenido que dejar por causa de Cristo. El interés ofrecido por el banco del cielo está fuera de escala en comparación con las mejores tasas ofrecidas por un banco en la tierra. Observa lo que se incluye: no solo bienes materiales como casas y tierras, sino también personas. ¿Quizás sea un indicio sobre la formación de amigos discutida en la parábola del mayordomo deshonesto?

Luego, Jesús hace una declaración algo enigmática: « Pero muchos de los primeros serán últimos y los últimos serán primeros». Presumiblemente, esto no se afirma para negar lo que se ha dicho antes, sino más bien como principio que opera por encima y más allá de lo que se ha enunciado. Es claramente importante, ya que Jesús dedica una parábola completa para explicarlo: la famosa parábola de los trabajadores en la viña:

> »Asimismo, el reino de los cielos se parece a un propietario que salió de madrugada a contratar obreros para su viñedo. Acordó darles la paga de un día de trabajo y los envió a su viñedo. Cerca de las nueve de la mañana, salió y vio a otros que estaban desocupados en la plaza. Les dijo: "Vayan también ustedes a trabajar en mi viñedo y les pagaré lo que sea justo". Así que fueron. Salió de nuevo a eso del mediodía, y luego a la media tarde e hizo lo mismo. Alrededor de las cinco de la tarde, salió y encontró a otros más que estaban sin trabajo. Les preguntó: "¿Por qué han estado aquí desocupados todo el día?". Porque nadie nos ha contratado, contestaron. Él les dijo: "Vayan también ustedes a trabajar en mi viñedo".
>
> »Al atardecer, el dueño del viñedo ordenó a su capataz: "Llama a los obreros y págales su salario, comenzando por los últimos contratados hasta llegar a los primeros". Se presentaron los obreros que habían sido contratados cerca de las cinco de la tarde y cada uno recibió la paga de un día. Por eso, cuando llegaron los que fueron contratados primero, esperaban recibir más. Pero cada uno de ellos recibió también la paga de un día. Al recibirla, comenzaron a murmurar contra el propietario. "Estos que fueron los últimos en ser contratados trabajaron una sola hora —dijeron—, y usted los ha tratado como a nosotros que hemos soportado el peso del trabajo y el calor del día". Pero él contestó a uno de ellos: "Amigo, no estoy cometiendo ninguna injusticia contigo. ¿Acaso no aceptaste trabajar

por esa paga? Tómala y vete. Quiero darle al último obrero contratado lo mismo que te di a ti. ¿Es que no tengo derecho a hacer lo que quiera con mi dinero? ¿O te da envidia que yo sea generoso?”.

»Así que los últimos serán primeros y los primeros serán últimos. (Mateo 20:1-16)

El dueño de la viña, inusualmente para la época, va en persona al mercado para contratar trabajadores para su viña y, de forma aún más inusual, realiza cinco viajes separados en un solo día. Acuerda un salario con el primer grupo, pero a los otros cuatro grupos les dice que les pagará lo que sea justo. Al final del día, el dueño de la viña hace que su capataz alinee a los trabajadores en sus grupos, comenzando por los últimos y terminando por los primeros. El capataz les paga a todos lo mismo, un denario a cada uno, la tarifa habitual por un día de trabajo.

Aquellos que habían trabajado todo el día murmuraban al ver la distribución del pago. ¿Por qué habían recibido solo un denario cuando habían trabajado muchas más horas que aquellos que llegaron más tarde? El dueño respondió: «Amigo, no estoy cometiendo ninguna injusticia contigo. ¿Acaso no aceptaste trabajar por esa paga? Tómala y vete. Quiero darle al último obrero contratado lo mismo que te di a ti. ¿Es que no tengo derecho a hacer lo que quiera con mi dinero? ¿O te da envidia que yo sea generoso?».

El hombre, de hecho, no tenía derecho a quejarse porque había *acordado* el salario de antemano. Los otros habían confiado en que el dueño les pagaría lo que era justo. Y el dueño tenía todo el derecho de ser generoso, el dinero era suyo, era libre de hacer lo que quisiera con él.

Aquí hay un principio importante. Hay un peligro latente cuando preguntamos al Señor, como lo hizo Pedro, sobre qué recompensa recibiremos. El peligro es que corremos el riesgo de perder por ser mercenarios y tratar de negociar con el Señor. La parábola enseña que hacer un trato con Dios no es cosa sabia. Pues, podríamos terminar siendo los últimos en lugar de los primeros. Además, no tendríamos razones para quejarnos. Dios probablemente será mucho más generoso de lo que podemos imaginar, así que podemos dejar con seguridad el asunto de la recompensa en sus manos. La mayoría de nosotros estamos familiarizados con la idea de recompensa por el trabajo realizado. Sin embargo, existe otro aspecto de la recompensa con el que quizás estemos menos familiarizados: la recompensa por el carácter desarrollado durante la vida. Aquí, el principio fundamental se encuentra en la enseñanza del apóstol Pedro.

Principio: La calidad de nuestra entrada al reino futuro está vinculada al carácter que hemos desarrollado en esta vida.

El pasaje relevante es 2 Pedro 1:10-11: «Por lo tanto, hermanos, esfuércense más todavía por asegurarse del llamado de Dios, que fue quien los eligió. Si hacen estas cosas, no caerán jamás y se les abrirán de par en par las puertas del reino eterno de nuestro Señor y Salvador Jesucristo». Para comprender este pasaje en contexto, se recomienda leer 2 Pedro 1:3-11.

Pedro está escribiendo (v. 1): «a los que por la justicia de nuestro Dios y Salvador Jesucristo han recibido una fe tan preciosa como la nuestra». Es decir, su audiencia está formada por creyentes que, dado que la salvación es por fe y no por obras, poseen una fe de igual dignidad que la de un apóstol. En el lenguaje de Pablo, todos están fundamentados en la única y verdadera base, Jesucristo. El propósito del pasaje es que deben construir sobre esa base. Dios tiene los recursos para permitirles, a través de un mayor conocimiento de Él, desarrollar características cristianas como la fe, la esperanza, el amor, y las virtudes de conocimiento, dominio propio, perseverancia, piedad, afecto fraternal, junto con las cuatro virtudes cardinales de prudencia, justicia, fortaleza y templanza, y otras virtudes clásicas como el coraje y la fidelidad.

¿Por qué deberían ellos, y nosotros, esforzarnos? Primero, porque colaborar con el Señor en el crecimiento de estas cualidades de excelencia aumenta tanto nuestra efectividad como nuestra fructificación. La persona que carece de ellas es miope e incoherente, habiendo olvidado de qué se trata la salvación: lidiar con el pecado.

Todos los creyentes están llamados, por lo tanto, a *confirmar* su «vocación y elección». Eso no significa que estén inseguros y necesiten tener certeza, aunque eso puede ser un problema adicional para algunos. Significa que, por la calidad moral y espiritual de su vida, deben confirmar que su salvación es real. Como lo señalaría el apóstol Santiago, deben demostrar que su fe en Cristo es genuina por la bondad de su carácter y sus obras.

Además de eso, y este es el principio central, si colaboramos con el Señor en el desarrollo de nuestro carácter cristiano o no, esto marca una diferencia eterna. El punto principal del argumento de Pedro está en el versículo 11: «y se les abrirán de par en par las puertas del reino eterno de nuestro Señor y Salvador Jesucristo».

En el texto griego original, la palabra *de par en par* aparece primero en el orden de las palabras, lo que indica que es la palabra clave en la oración. Y es que Pedro no está contradiciendo lo que afirmó en el versículo 1 al condicionar que la entrada al reino dependa del crecimiento cristiano. La entrada a ese reino se obtiene respondiendo a la gracia de Dios en Jesucristo y, como Nicodemo, naciendo de nuevo. Además, Pedro no está hablando aquí de la recompensa celestial por el trabajo realizado, sino más bien sobre la riqueza de la entrada en el reino eterno por el carácter desarrollado.

Por lo tanto, Pedro no está discutiendo la diferencia entre entrar o no entrar en el reino. Se está refiriendo a algo completamente distinto: *la riqueza o calidad* de la entrada en ese reino. Nos señala que depende de si crecemos en estas cualidades como creyentes. ¿Qué quiere decir con esta declaración que inicialmente puede parecernos desconcertante?

Podemos descartar la idea de que esto signifique que algunos creyentes llegarán al centro del cielo, donde está Jesús, mientras que otros tendrán que contentarse con estar en la periferia, si es que esos términos tienen algún sentido. Porque estar en la presencia inmediata del Señor es el derecho de nacimiento de todos los creyentes.

La clave para entender lo que Pedro quiere decir está en su doble énfasis en el conocimiento de Dios y del Señor Jesucristo. Considera una ilustración. Es el cuarto cumpleaños de James, y está pasando un tiempo maravilloso, sentado en el sofá, golpeando globos con su papá. Desde su perspectiva, su papá es el mejor del mundo, y quien llena su cumpleaños de alegría. James no tiene la sensación de que le falte algo, ya que su papá satisface todas sus necesidades. Pasan los años y James está ahora investigando en la universidad en ingeniería aeroespacial, ya que su papá que es físico le enseñó. Una vez más, es el cumpleaños de James. Él y su papá están nuevamente sentados en el sofá, pero ya no están golpeando globos. Están manteniendo una conversación animada sobre las últimas ideas de ingeniería en física. Por haber conversado con él a lo largo de los años, James tiene una entrada mucho más profunda en la vida de su papá que cuando tenía cuatro años. Pero no podría haber tenido la conversación actual, si no hubiera mostrado un interés real en lo que su papá pensaba o hacía.

Tiene sentido, sin duda, pensar que este es el tipo de pensamiento subyacente a lo que Pedro afirma: que si nos aprovechamos de los recursos que el Señor nos ofrece y, a través de su poder llegamos a conocerlo cada vez mejor, podremos entrar en mayor profundidad en su comunión, que si no nos preocupamos realmente por cultivar esa comunión.

Principio: Afectamos la calidad o riqueza de nuestra entrada en el reino eterno del Señor Jesucristo según el grado de desarrollo de nuestro carácter y el aumento en el conocimiento de Él.

En este punto, Pedro está lejos de haber acabado. Sigue relatando cómo, en breve, efectuará su salida (literalmente, *éxodo*) de este mundo y entrará en el otro. En vista de esto, desea que sus lectores comprendan, como de máxima importancia, que el otro mundo, el mundo eterno, en el cual los anima a invertir sus vidas, es real. La experiencia de Pedro en la transfiguración lo convenció de que el poder y la venida del Señor Jesús no eran un mito hábilmente inventado. Él, junto con Santiago y Juan, había visto al Señor en gloria y escuchado la voz misma de Dios desde el cielo. Habían experimentado directamente el extraordinario poder sobrenatural de Dios al ver a Moisés y Elías en compañía de Jesús. Creían que el mundo eterno era real por la simple razón de que habían estado allí y lo habían experimentado.

El cielo: ¿jubilación del trabajo?

En la vida cotidiana, estamos familiarizados con la idea de que tarde o temprano ya no tendremos la energía para trabajar como lo hacíamos antes, y muchos esperan que uno de los subproductos de su trabajo, sus ganancias, les ayude a financiar su jubilación. Esto ha dado lugar a la idea de que el cielo es una especie de comunidad de retiro con poca actividad más allá del canto interminable de himnos. Ahora bien, no hay nada de malo en cantar himnos y la mayoría de nosotros lo disfrutamos, al menos en dosis moderadas. Pero la idea de un hogar de descanso eterno con canto interminable puede ser bastante desalentadora.

En cualquier caso, la verdad es muy diferente. Anteriormente citamos a C. S. Lewis en el sentido de que las recompensas son de diferentes tipos. Hay galardones adecuados, como el matrimonio es la recompensa apropiada del amor, y hay recompensas mercenarias, como casarse por dinero. En cuanto al galardón celestial conveniente por el trabajo, descubrimos que al menos un aspecto de ella es el opuesto al retiro: es la oportunidad de hacer más trabajo. Jesús utilizó su parábola de los talentos para enseñarnos esto, (lee Lucas 19:11-27 en este punto).

Jesús contó esta parábola en su camino hacia Jerusalén, como respuesta a las personas que pensaban que Él estaba a punto de inaugurar el reino visible de Dios. Este no sería el caso, como estaba a punto de explicar. Jesús, como el noble de la parábola, iba a irse por un tiempo (al cielo) con el fin de recibir la autoridad para gobernar, y después regresaría.

La trama es que el noble, antes de partir, confió a cada uno de tres de sus sirvientes una mina, que, según algunos eruditos, es aproximadamente equivalente a cuatro meses de salario para un trabajador promedio de la época. Los animó a usar este dinero para hacer negocios hasta que él regresara. Después de partir, hubo una rebelión entre los ciudadanos contra él, y enviaron una delegación tras él diciendo que no lo querían como rey.

Sin embargo, a pesar de esta hostilidad, él regresó y convocó a los trabajadores para ver cómo les había ido en los negocios en semejantes circunstancias adversas. Dos de los siervos habían obtenido ganancias: el primero, mil por ciento y el segundo quinientos por ciento. El noble, ahora rey, los recompensó dándoles responsabilidad administrativa sobre diez y cinco ciudades, respectivamente. Es decir, la recompensa por el trabajo fue la oportunidad de hacer más trabajo, aunque de un tipo diferente.

La parábola nos enseña con claridad varias cosas sobre el retorno del Señor. Primero, que cuando Él regrese, reinará, y sus siervos reinarán con Él. Pedro ya había aprendido esto de Jesús: «se sentarán también en doce tronos». Pablo afirma esencialmente lo mismo: «Este mensaje es digno de crédito: Si morimos con él, también viviremos con él; si resistimos, también reinaremos con él. Si lo negamos, también él nos negará; si somos infieles, él sigue siendo fiel, ya que no puede negarse a sí mismo» (2 Ti 2:11-13).

De manera similar, Juan escribe: «Al que salga vencedor le daré el derecho de sentarse conmigo en mi trono, como también yo vencí y me senté con mi Padre en su trono» (Ap 3:21).

La noción de que los siervos de Cristo estarán activamente involucrados en el reinado, a un nivel muy alto, al parecer, se indica en varios otros lugares: «Si alguno de ustedes tiene un pleito con otro, ¿cómo se atreve a presentar demanda ante los injustos, en vez de acudir a los creyentes? ¿Acaso no saben que los creyentes juzgarán al mundo? Y si ustedes han de juzgar al mundo, ¿cómo no van a ser capaces de juzgar casos insignificantes? ¿No saben que aun a los ángeles los juzgaremos? ¡Cuándo más los asuntos de esta vida» (1 Co 6:1-3).

De todo esto queda claro que el cielo no será un aburrido hogar de descanso, sino una colmena de actividad fascinante donde las habilidades y experiencias desarrolladas en la tierra se transformarán en algo más alto, rico e infinitamente satisfactorio. Supera todo lo que podamos pedir o pensar. También es evidente a partir de la parábola de las minas que la cantidad de responsabilidad que cualquiera de nosotros tendrá en ese día dependerá de nuestra fidelidad en esta vida.

Sin embargo, no debemos olvidar que había un tercer siervo en la parábola que ni siquiera intentó hacer negocios con el dinero que se le había confiado. Cuando finalmente se le pidió cuentas, el rey le quitó su mina y se la dio al siervo que había hecho la mayor ganancia. Surge la pregunta de cómo debemos entender esto. ¿Es posible que este siervo represente a un creyente? Después de todo, en una parábola similar de los talentos, registrada en Mateo 25:24-30, el siervo que no emplea su talento es echado a las tinieblas exteriores. Sin embargo, la parábola de las minas en Lucas es diferente. Al hombre que no invirtió su mina no se le dice que será expulsado. De hecho, el texto lo separa claramente de los enemigos del rey, que sufren su ira: «Pero en cuanto a estos enemigos míos…».

David Gooding hace la siguiente observación útil:

> Entonces, ¿qué es lo que aún hace difícil pensar que el siervo infiel de nuestra parábola representa a un verdadero creyente? Es toda su concepción del rey. Al ser llamado a dar cuentas por su fracaso en trabajar para su señor, responde que es culpa de su señor por ser una persona que siempre esperaba recibir algo sin dar nada a cambio, obtener algo de donde no puso nada (Lc 19:21). El miedo a él, el miedo a hacer algo mal, dice, lo ha paralizado.
>
> Nuestra pregunta, entonces, se resuelve en esto: ¿podría alguien que verdaderamente cree que Cristo dio su vida por él, alguna vez dar la vuelta y decirle al Señor que al pedirle que trabajara para él, el Señor estaba pidiendo algo sin dar nada a cambio? Las personas pueden ser ingratas, como lo demuestran los nueve leprosos, pero, ¿sería un creyente tan ingrato? Y, ¿alguien que cree que la muerte de Cristo le ha asegurado el perdón de todos sus pecados, alguna vez le diría a Cristo que tenía miedo de trabajar para él por si cometía un error?
>
> Quizás nuestra pregunta sea demasiado teórica o literaria. Quizás sería mejor preguntarnos qué imagina nuestro propio comportamiento, incluso ahora, que le dice al Señor sobre nosotros mismos y lo que pensamos de él, si tampoco estamos comprometidos fielmente en el trabajo que él ha confiado a nuestro cuidado.

Sea creyente o no, al siervo infiel se le quitó su mina. El fracaso en trabajar para el Señor no costará a un creyente su salvación, pero ciertamente le costará su recompensa.

Sin embargo, terminemos en una nota más alegre. El leproso que fue agradecido al Señor por lo que había hecho por él y regresó para darle gracias, encontró que su gratitud lo llevó a algo más alto: además de su curación, recibió el don de la salvación. Así, el siervo en nuestra parábola que trabajó fielmente para el Señor descubrió que su fidelidad tuvo un efecto bola de nieve. La mina se convirtió en diez; las diez minas le otorgaron autoridad sobre diez ciudades; y, además de todo eso, recibió también la mina del siervo infiel. Dado su habilidad con las minas, esta mina adicional pronto se convertiría en una ciudad adicional. Parece ser una ley del reino que al que ya tiene, se le dará más.

Que nuestro trabajo no solo tenga una significación temporal, sino también eterna, es una de las glorias únicas de la fe cristiana. También es una respuesta para aquellos que piensan que el mensaje del evangelio es rudimentario y barato, al ofrecer un boleto gratuito al cielo sin importar cómo nos comportemos después.

También debería ser una fuente de gran admiración y aliento para nosotros que Dios esté interesado en nuestro trabajo. Además, si trabajamos como para el Señor, entonces estamos invirtiendo efectivamente en el mundo venidero. Lejos de que la muerte física ponga fin a todo lo que hemos hecho, será la puerta a una experiencia mucho mayor de Dios en un mundo donde habrá trabajo para todos, un mundo donde, como dice el apóstol Juan: «sus siervos le servirán» (Ap 22:3, RVR1960).

La garantía de todo esto es que Dios ha resucitado a Su Hijo de los muertos. Al llegar al final de este capítulo, podemos decir con Pablo: ¡Pero gracias a Dios que nos da la victoria por medio de nuestro Señor Jesucristo! Por lo tanto, mis queridos hermanos, manténganse firmes e inconmovibles, progresando siempre en la obra del Señor, conscientes de que su trabajo en el Señor no es en vano» (1 Co 15:57-58).

Una vez vi en la oficina de alguien un gran cartel impreso que citaba las últimas nueve palabras arriba mecionadas anteriormente. Quizás sería una buena idea hacerlo mismo en nuestros lugares de trabajo, ya sea en casa, en la oficina, en la escuela, en la tienda, en la granja, en el hospital, en el púlpito, y demás. Necesitamos recordarnos la verdad todos los días: *Su trabajo en el Señor no es en vano.*

De vez en cuando me pregunto si, cuando un día la gloria del cielo se revele ante mí, mi reacción instintiva será: «Si hubiera sabido que iba a ser así, habría invertido mucho más en ello».

Las últimas palabras de William Tyndale mientras era consumido por las llamas fueron: «Señor, abre los ojos del Rey de Inglaterra». Haríamos bien en orar lo mismo por nosotros mismos: «Señor, abre nuestros ojos para ver la realidad de la eternidad y lo que podemos hacer para invertir en tu reino».

Preguntas

1. Discute la incomodidad que algunas personas sienten cuando surge el tema de la recompensa. ¿Cómo puedes lidiar con ella?
2. ¿Es la recompensa una forma de soborno? ¿Depende tu respuesta del contexto? Da razones para tu respuesta.
3. ¿Qué les dirías a aquellos que se burlan de ti y dicen que tu concepto de salvación es «una promesa en el cielo cuando muramos»?
4. ¿Es la salvación en sí misma una recompensa? Da razones para tu ejemplo.
5. ¿Qué es el tribunal de Cristo? ¿Qué sucederá allí y cómo te afectará? ¿Importa?
6. ¿Qué recompensas prometió Jesús a sus discípulos? ¿Qué se quiere decir con «los primeros serán últimos y los últimos serán primeros»?
7. ¿Cómo afecta el desarrollo del carácter cristiano nuestra eternidad? ¿Qué debería motivarnos a tomar esto en serio?
8. ¿En qué consiste la entrada al reino?
9. ¿Cómo respondes a aquellos que sugieren que el cielo es una residencia para la jubilación?
10. ¿Qué efecto tiene la esperanza del regreso de Cristo en tu vida?

APÉNDICE A: PRINCIPIOS DE APOYO AL EVANGELIO

El Nuevo Testamento expone bastante sobre la manera como se debe apoyar la difusión del evangelio. Descubriremos que es muy instructivo, aunque a veces algo complejo. Primero, aquí hay una declaración importante de principios clave que Pablo escribió a la iglesia de Corinto:

> ¿No soy libre? ¿No soy apóstol? ¿No he visto a Jesús nuestro Señor? ¿No son ustedes el fruto de mi trabajo en el Señor? Aunque otros no me reconozcan como apóstol, para ustedes sí lo soy. Porque ustedes mismos son el sello de mi apostolado en el Señor.
>
> Esta es mi defensa contra los que me critican: ¿Acaso no tenemos derecho a comer y a beber? ¿No tenemos derecho a viajar acompañados por una esposa creyente, como hacen los demás apóstoles y los hermanos del Señor y Cefas? ¿O es que solo Bernabé y yo estamos obligados a ganarnos la vida con otros trabajos?
>
> ¿Qué soldado presta servicio militar pagándose sus propios gastos? ¿Qué agricultor planta un viñedo y no come de sus uvas? ¿Qué pastor cuida un rebaño y no toma de la leche que ordeña? No piensen que digo esto solamente desde un punto de vista humano. ¿No lo dice también la Ley? Porque en la Ley de Moisés está escrito: «No pongas bozal al buey mientras esté sacando el grano». ¿Acaso se preocupa Dios por los bueyes o lo dice más bien por nosotros? Por supuesto que eso está escrito por nosotros, porque cuando el labrador ara y el segador saca el grano, deben hacerlo con la esperanza de participar de la cosecha. Si hemos sembrado semilla espiritual entre

ustedes, ¿será mucho pedir que cosechemos de ustedes lo material? Si otros tienen derecho a este sustento de parte de ustedes, ¿no lo tendremos aún más nosotros? (1 Corintios 9:1-12).

No debemos olvidar jamás que Pablo era un apóstol en una posición única y, por lo tanto, debemos tener cuidado al aplicar lo que él dice sobre sí mismo y su ministerio a nosotros y a nuestros ministerios. Como evangelista, Pablo tenía derecho, como otros evangelistas, a ser sostenidos por la comunidad cristiana. Menciona a algunos que se aprovechan de esos derechos. Sin embargo, aunque él podría hacer lo mismo de manera legítima, elige no hacerlo en interés del evangelio. El pasaje es muy ilustrativo, y al leerlo debemos tener en cuenta que en la iglesia de Corinto había algunos muy críticos, incluso suspicaces, respecto a Pablo y sus motivos, hasta el punto de cuestionar su apostolado.

Pablo habla del derecho básico de un evangelista a comer y beber, y a que esa comida sea suministrada por la comunidad cristiana; sin duda nadie le negaría eso. Además, un evangelista tenía derecho de llevar consigo «una esposa creyente».

El uso del adjetivo «creyente» subraya la importancia para los evangelistas casados de tener un cónyuge que comparta su fe, particularmente en el contexto del tipo de ministerio y trabajo en el que estaban involucrados los primeros cristianos. Viajar era peligroso, había todo tipo de peligros como Pablo señala en otros lugares, y para los casados, el apoyo del cónyuge era de suma importancia.

Sin embargo, Pablo va más lejos en sus afirmaciones. La expresión «viajar acompañados por una esposa creyente», que puede parecernos extraña, no significa tan solo «estar casado»; implica el derecho de llevar a una esposa contigo en tus viajes, en el servicio del Señor. Los demás apóstoles lo hacían, al igual que los hermanos de Jesús y Cefas, o Pedro, también. Pablo afirma el derecho de Pedro a esperar que las iglesias a las que servía en sus viajes cubrieran no solo sus gastos de vida, sino también los de su esposa. En el pasado, quizás más que en el presente, la negación de ese derecho por parte de iglesias y organizaciones, a menudo simplemente para ahorrar dinero, ha impuesto una tensión innecesaria en muchos matrimonios. Es irónico que una iglesia u organización que se enorgullece de defender los valores familiares pueda crear, sin querer, tensión marital en las vidas de aquellos a quienes ha invitado a trabajar, al no practicar dichos valores.

Para apoyar su caso, Pablo cita tres ejemplos de la vida local: el ejército, la viticultura y la ganadería. Los soldados son remunerados por su trabajo, no lo hacen gratis; los propietarios de viñedos tienen el claro derecho a vivir de sus productos, igual que los que cuidan ovejas. Para enfatizar la importancia del principio subyacente, Pablo lo respalda con la Escritura: «Porque en la Ley de Moisés está escrito: «No pongas bozal al buey mientras esté sacando el grano». ¿Acaso se preocupa Dios por los bueyes o lo dice más bien por nosotros? (1 Co 9:9-10).

La aplicación de Pablo es: «Si hemos sembrado semilla espiritual entre ustedes, ¿será mucho pedir que cosechemos de ustedes lo material? Si otros tienen derecho a este sustento de parte de ustedes, ¿no lo tendremos aún más nosotros? (1 Co 9:11). Para Pablo es fundamental que la ayuda espiritual no se dé por sentada ni quede sin compensación: «El que recibe instrucción en la palabra de Dios comparta todo lo bueno con quien le enseña» (Gá 6:6).

Este principio no solo es aplicable a evangelistas y maestros, sino a todos los creyentes. Puede ilustrarse negativamente con el siguiente caso real. Había un abogado muy ocupado que, aunque creyente, como a veces ocurre con personas en todos los ámbitos de la vida, no había desarrollado su comprensión de las cosas espirituales mucho más allá de un nivel muy elemental, en contraste con sus capacidades profesionales. Su hija fue a la universidad y regresó llena de dudas y preguntas. Le pidió ayuda a su padre, pero él no podía entender sus preguntas y mucho menos responderlas. Finalmente, solicitó la ayuda de una mujer que conocía en la iglesia, quien, aunque de humilde posición, había pasado tiempo aprendiendo a manejar las preguntas difíciles que los jóvenes hacían sobre su fe cristiana y era conocida por haber ayudado a muchos. Después de un tiempo, ella pudo resolver los problemas de la hija y ayudar a restaurar su confianza en el Señor.

Algún tiempo después, la mujer se enfrentó a un problema legal relacionado con el pequeño negocio que trataba de mantener en marcha, de forma precaria desde la muerte de su esposo. Ella recurrió al abogado para pedirle ayuda, y él resolvió con facilidad la situación, pero luego le cobró el precio completo por hacerlo. Ella había compartido su conocimiento de las cosas espirituales de manera gratuita, pero él no había correspondido bendiciéndola con sus bienes materiales. ¿Por qué no? Porque su sentido de los valores no estaba documentado en las Escrituras. No había entendido las implicaciones de la enseñanza de Pablo: «El que recibe instrucción en la palabra de Dios comparta todo lo bueno con quien le enseña» (Gá 6:6).

Sin embargo, Pablo no siempre utilizó ese derecho. Prosigue:

> Si otros tienen derecho a este sustento de parte de ustedes, ¿no lo tendremos aún más nosotros?
>
> Sin embargo, no ejercimos este derecho, sino que lo soportamos todo con tal de no crear obstáculo al evangelio de Cristo. ¿No saben que los que sirven en el Templo reciben su alimento del Templo y que los que atienden el altar participan de lo que se ofrece en el altar? Así también el Señor ha ordenado que quienes predican el evangelio vivan de este ministerio.
>
> Pero no me he aprovechado de ninguno de estos derechos ni escribo de esta manera porque quiera reclamarlos. Prefiero morir a que alguien me prive de este motivo de orgullo. Sin embargo, cuando predico acerca de las buenas noticias, no tengo de qué enorgullecerme, ya que estoy bajo la obligación de hacerlo. ¡Ay de mí si no predico las buenas noticias! En efecto, si lo hiciera por mi propia voluntad, tendría recompensa; pero si lo hago por obligación, no hago más que cumplir la tarea que se me ha encomendado. ¿Cuál es, entonces, mi recompensa? Pues que al predicar acerca de las buenas noticias pueda presentarlo gratuitamente, sin hacer valer mi derecho. (1 Corintios 9:12-18)

La motivación de Pablo al no utilizar a veces su derecho de recibir apoyo era evitar cualquier posible obstáculo para el evangelio. Por ejemplo, como explica a los corintios, se enorgullecía especialmente de predicar el evangelio en su ciudad rica sin esperar apoyo de ella. Pablo, igual que todo rabino judío, tenía un oficio que cubría sus necesidades y le daba credibilidad. Si iba a enseñar a personas que en su mayoría estaban empleadas, era necesario que lo vieran como quien sabía lo que eso significaba. Su oficio era la fabricación de tiendas, una actividad altamente especializada y creativa, muy demandada en el mundo antiguo. No abandonó este oficio cuando se convirtió al cristianismo. Lo utilizó para financiar no solo su propio sustento, sino también el de su equipo, mientras realizaban su trabajo misionero. Después de todo, su trabajo pionero en lugares hasta entonces no alcanzados precedió, por definición, la existencia de iglesias que pudieran haberlo apoyado. Pablo fabricaba tiendas y organizaba los diversos aspectos de su vida, reforzando lo que aprendimos en Génesis 1.

Al referirse a la habilidad práctica de Pablo, el concepto de «fabricación de tiendas» ha venido a significar, lamentablemente, para muchas personas el equivalente de: «En realidad no me interesa el trabajo o negocio que hago, pero lo hago para financiarme mientras me dedico a mi trabajo cristiano». Esto puede tener el efecto de devaluar gravemente el trabajo. El oficio de Pablo, la fabricación de tiendas, era parte de su trabajo cristiano. También era una profesión sumamente especializada. Lo hacía para el Señor.

Más allá de las ganancias de su oficio, hubo ocasiones en las que Pablo aceptó con gratitud el apoyo de otros. Por ejemplo, escribe a la iglesia de Filipos, que él mismo había fundado:

> Me alegro muchísimo en el Señor de que al fin hayan vuelto a interesarse en mí. Claro está que tenían interés, solo que no habían tenido la oportunidad de demostrarlo. No digo esto porque esté necesitado, pues he aprendido a estar satisfecho en cualquier situación en que me encuentre. Sé lo que es vivir en la pobreza y lo que es vivir en la abundancia. He aprendido a vivir en todas y cada una de las circunstancias, tanto a quedar saciado como a pasar hambre, a tener de sobra como a sufrir escasez. Todo lo puedo en Cristo que me fortalece.

> Sin embargo, han hecho bien en participar conmigo en mi angustia. Y ustedes mismos, filipenses, saben que en el principio de la obra del evangelio, cuando salí de Macedonia, ninguna iglesia participó conmigo en mis ingresos y gastos, excepto ustedes. Incluso a Tesalónica me enviaron ayuda una y otra vez para suplir mis necesidades. No digo esto porque esté tratando de conseguir más ofrendas, sino que trato de aumentar el crédito a su cuenta. Ya he recibido todo lo que necesito y aún más; tengo hasta de sobra ahora que he recibido de Epafrodito lo que me enviaron. Es una ofrenda fragante, un sacrificio que Dios acepta con agrado. Así que mi Dios les proveerá de todo lo que necesiten, conforme a las gloriosas riquezas que tiene en Cristo Jesús.
>
> A nuestro Dios y Padre sea la gloria por los siglos de los siglos. Amén. (Filipenses 4:10-20)

Esta carta está redactada con tal delicadeza que muestra la aguda conciencia de Pablo sobre las trampas que rodean el apoyo financiero, especialmente los peligros para quienes lo reciben. En esa ocasión, Pablo acababa de recibir alguna ayuda material de la iglesia de Filipos, que, a diferencia de la iglesia de Corinto, estaba lejos de ser rica. Expresa su aprecio y gratitud por su preocupación constante, ya que no habían tenido oportunidad hasta entonces de ponerla en acción.

Sin embargo, Pablo no desea que su gratitud se tome como una sutil insinuación de que está en necesidad y que le gustaría que le enviaran aún más. Todo lo contrario; ha aprendido algo que es muy difícil para la mayoría de nosotros: elevarse por encima de sus circunstancias y contentarse con cualquier estado en el que se encuentre, ya sea de abundancia o de privación. Esto no lo logra con sus propias fuerzas, sino con aquellas que Dios le provee.

Una vez aclarado este punto, vuelve a expresar su gratitud por el apoyo de los filipenses desde el principio, y resalta que fueron por un tiempo la única iglesia en hacerlo. Considera lo que hicieron como una asociación entre ellos y él, dando y recibiendo. Les recuerda una vez más que no está buscando su dádiva, sino que estaba esperando el fruto de su conversión, representado por ese regalo. Termina indicando que recibió la ofrenda de manos de Epafrodito y reconoce que constituyó un sacrificio para ellos. Les asegura que Dios, a su vez, suplirá las necesidades de ellos.

Una observación simple, pero tan obvia que fácilmente podemos pasarla por alto, es que Pablo escribía cartas sobre su apoyo y el de otros. Era meticuloso en reconocer las contribuciones que otros hacían a su bienestar y al de otros cristianos y las iglesias en general. Nunca olvidaba dar las gracias por escrito. Tampoco deberíamos hacerlo nosotros.

Soy consciente de que la estructura organizativa de algunas iglesias y organizaciones cristianas es bastante complicada, de manera que, por ejemplo, un pastor asalariado puede tener un mandato de viajes o misionero financiado por su iglesia/organización de origen, para que pueda, por así decirlo, ir a predicar y enseñar en un país donde los cristianos no podrían pagar su viaje o alojamiento. En tales casos, es importante que a los receptores se les proporcionen nombres y direcciones explícitos de quienes hicieron posible la visita y se les anime a escribir y expresar agradecimiento. Por ejemplo, cuando yo viajé en el pasado a países detrás del telón de acero, era emocionante para quienes ayudaron a hacer posible mi viaje recibir una carta de personas de allí, dando las gracias.

Ahora volvamos al pasaje citado anteriormente, de Filipenses 4, para recoger otro principio importante. Pablo habla sobre el contentamiento; sabe cómo manejar los altibajos de la vida con ecuanimidad. De manera similar, Lucas nos habla de un grupo de soldados que se acercan a Juan el Bautista, preguntándole qué debían hacer. Él respondió: «No extorsionen a nadie ni hagan denuncias falsas; más bien confórmense con lo que les pagan» (Lc 3:14). Esto no significa necesariamente que debían estar satisfechos con lo que ganaban y no intentar mejorar su situación. De hecho, la advertencia de Juan sobre la extorsión indica que estaban mal pagados. El peligro es que, para mejorar una situación injusta, podemos sentirnos tentados a recurrir a amenazas o acusaciones falsas. Sin embargo, en algunas situaciones laborales hoy en día, existen mecanismos de apelación, gerentes de línea, supervisores, tribunales, defensores del pueblo, y otros, a los que podemos expresar nuestra insatisfacción, a la vez que nos mantenemos contentos con vivir dentro de nuestras posibilidades, aunque, reconocemos que puede no ser exitoso ni cosa fácil de hacer, como muchos de nosotros sabemos por experiencia.

¿Ofrenda o Salario?

Otro punto que debemos destacar de lo que Pablo dice a los filipenses es que él describe lo que le enviaron como una *ofrenda*, como de hecho lo era: una expresión genuina y no solicitada de su amor y preocupación por él.

Pablo no estaba trabajando en o para la iglesia de Filipos cuando ellos enviaron su ofrenda. Sin embargo, cuando alguien está trabajando como, por ejemplo, un ponente invitado para una iglesia u organización, la situación es completamente diferente. La iglesia ha pedido a esta persona que se comprometa a hacer un trabajo específico de enseñanza o predicación para ellos. Jesús mismo se pronunció sobre este asunto cuando envió a sus discípulos en una misión. Les dijo: «Quédense en esa casa, coman y beban de lo que ellos tengan, porque el trabajador tiene derecho a su salario...» (Lc 10:7).

Pablo repite esta máxima cuando instruye a Timoteo sobre cómo actuar en la iglesia de Éfeso:

> Los líderes que dirigen bien los asuntos de la iglesia son dignos de doble honor, especialmente los que dedican sus esfuerzos a la predicación y a la enseñanza. Pues la Escritura dice: «No pongas bozal al buey mientras esté sacando el grano» y «El trabajador tiene derecho a su salario». (1 Timoteo 5:17-18)

Ni Jesús ni Pablo dicen que el trabajador merezca una *ofrenda*. No le damos un «regalo» a un carpintero por reparar un suelo, a un constructor por levantar una pared, a un abogado por redactar un testamento o a un dentista por arreglar nuestros dientes. Ese sería un lenguaje inapropiado, y usarlo en relación con la enseñanza y la predicación cristiana indica un grave malentendido. Menciono esto ya que, en algunos círculos cristianos no limitados a denominación alguna en particular, ha sido común describir lo que se le da a un orador invitado, maestro o evangelista como una «ofrenda para cubrir gastos».

Sin embargo, una ofrenda es, por definición, algo que se da pero que no se ha ganado. No está destinado a ser un pago por los servicios prestados. Cuando le das a alguien un regalo por su cumpleaños, no es un pago por nada, es un símbolo que muestra aprecio y cariño. Es decir, su valor monetario no es importante (o no debería serlo), sino el pensamiento subyacente.

Además, los salarios son proporcionales, o deberían serlo, al trabajo realizado y a la persona que lo efectúa. Los regalos no son proporcionales a nada, y dar una ofrenda en lugar de un salario por el trabajo realizado, por espiritual que suene, puede ser exactamente lo contrario, ya que en ocasiones podría ser una forma de evitar darle a un trabajador lo que le corresponde por el trabajo que ha realizado y, por lo tanto, defraudarlo. He conocido a evangelistas talentosos de diversos trasfondos denominacionales que me han comentado que una iglesia que los había invitado a predicar a veces les daba una «ofrenda» que ni siquiera cubría su pasaje de regreso a casa, y no estoy hablando solo del pasado lejano. Relacionado con eso está el dar «dinero para gasolina» como gastos que no suman al costo de mantener el automóvil, algo verificable fácilmente hoy en día en internet. Eso también debería evitarse. Hay una ilustración casi increíble de esto en el sitio web de la FIEC donde Trevor Archer relata cómo un amigo suyo: «… realizó un viaje de 193 kilómetros en coche para hablar en una iglesia rural. Si uno se fijaba en los autos estacionados en su aparcamiento se veía con claridad que se trataba de una congregación adinerada. Después del servicio, el tesorero se acercó a él en el aparcamiento con un sobre, que discretamente deslizó en la Biblia del predicador, mientras susurraba, al estilo de los espías: «Algo para tu viaje, hermano». De regreso a casa, mi amigo se detuvo para tomar un café y abrió el sobre. ¡Contenía tres caramelos duros!»[1]

[1] Ver artículo de la FIEC, disponible en: https://fiec.org.uk/resources/gifts-for-visiting-preachers-the-good-the-bad-and-the-ugly

Es importante saber que las «ofrendas» entregadas a modo de salario por un servicio invitado o designado, no suelen ser reconocidos por las autoridades fiscales (ciertamente no por la HMRC en el Reino Unido ni por el IRS en Estados Unidos). Aunque a veces se les llama honorarios,[2] en realidad son salarios o tarifas por servicios prestados y, por lo tanto, están sujetos a impuestos como ingresos a las tasas habituales. Por lo tanto, una iglesia u organización debería evitar usar la palabra «ofrenda» para lo que es el pago de una tarifa.

Por supuesto, es un aspecto maravilloso del amor cristiano dar regalos a los siervos del Señor, que no están trabajando para nosotros, nuestra iglesia u organización, sino que son, por ejemplo, misioneros en otro país o trabajadores para otra iglesia u organización. Tales ofrendas les proporcionarían gran alegría, como en el caso de Pablo. Sin embargo, si invitamos a personas a trabajar específicamente para nosotros, y ellas se comprometen a hacerlo, también debemos comprometernos con ellas y hacerles saber cuál es su situación. Ahora, cómo debería negociarse eso depende de las personas involucradas, pero es síntoma de un problema si las partes invitantes son muy específicas sobre lo que esperan de la persona invitada, pero no lo son en absoluto cuando se trata de su expresión de compromiso recíproco. Eso a veces resulta en que los trabajadores reciban una remuneración muy inferior al salario mínimo en ese país en particular. La razón no es difícil de adivinar y, lamentablemente, conduce a una reputación de tacañería y mezquindad que refleja de manera muy negativa en el evangelio mismo, como atestigua la historia aterradora anterior.

En resumen: las *ofrendas* deben darse a aquellos creyentes que no están trabajando a nuestra solicitud, sino a quienes deseamos apoyar. Los *salarios* apropiados deben ser otorgados por las iglesias y organizaciones a aquellos creyentes a los que invitan a trabajar para ellos.

Como ejemplo de cómo se gestionó esto en una iglesia en los tiempos del Nuevo Testamento, tenemos la declaración de Pablo en

[2] Técnicamente, un honorario es el pago sombólico en reconocimiento a un individuo por los servicios que lleva a cabo, para el cual no se exige pago. Típicamente es un problema cuando la costumbre o la propiedad prohíbe que se establezca un precio. Por consiguiente, el pago al receptor es a discreción del pagador.

1 Timoteo 5. Él está dando instrucciones a su joven colega e hijo en la fe, Timoteo, sobre cómo deben hacerse las cosas en la iglesia de Éfeso. Timoteo debe observar cuidadosamente qué líderes están gobernando bien, y en especial aquellos que trabajan arduamente en la enseñanza. Ellos deben ser contados dignos de *doble honor*, es decir, no solo deben ser respetados por su enseñanza, sino que también deben ser remunerados por ella.

Parece que estos ancianos dedicados a la enseñanza no recibían inicialmente una remuneración por su enseñanza. Eso comenzó solo después de que demostraron su capacidad y compromiso. No es sorprendente que haya una historia de fondo en la situación en la que Pablo estaba escribiendo. De hecho, hay más información en el Nuevo Testamento sobre la iglesia en Éfeso que sobre cualquier otra iglesia. Pablo pasó dos años enseñando allí (Hch 19:10) y después de irse, en su camino hacia Jerusalén, llamó a los ancianos de la iglesia de Éfeso para reunirse con él en Mileto, ya que no había podido volver a Éfeso, como quizás había esperado. Les señaló una serie de cosas a estos líderes, pero la más relevante aquí es esta:

> »Ahora los encomiendo a Dios y al mensaje de su gracia, mensaje que tiene poder para edificarlos y darles herencia entre todos los santificados. No he codiciado ni la plata ni el oro ni la ropa de nadie. Ustedes mismos saben bien que estas manos se han ocupado de mis propias necesidades y de las de mis compañeros. Con mi ejemplo les he mostrado que es preciso trabajar duro para ayudar a los necesitados, recordando las palabras del Señor Jesús: "Hay más dicha en dar que en recibir"». (Hechos 20:32-35)

Todo este discurso de despedida es muy conmovedor. Pablo se asegura de evitar cualquier acusación de codicia al recordarles a los líderes que lo experimentaron como una persona que trabajaba con sus manos para financiarse a sí mismo y al equipo que estaba con él. Ahora les indica que esto era para animarlos a hacer lo mismo. Recuerden, Pablo está hablando aquí a *los líderes*, a aquellos que tienen la primera línea de responsabilidad en la enseñanza, predicación y pastoreo en la iglesia. Él espera claramente que sean personas que tengan un trabajo por el cual sean remunerados.

La exhortación de Pablo se basa en su propio ejemplo:

> Recordarán, hermanos, nuestros esfuerzos y fatigas para proclamarles el evangelio de Dios y cómo trabajamos día y noche para no serles una carga.
>
> Ustedes son testigos, y también Dios, de que nos comportamos con ustedes los creyentes en una forma santa, justa e irreprochable. Saben también que, a cada uno de ustedes, lo hemos tratado como trata un padre a sus propios hijos. Los hemos animado, consolado y exhortado a llevar una vida digna de Dios, que los llama a su reino y a su gloria. (1 Tesalonicenses 2:9-12)

Tim Chester escribe: «Presumiblemente, esto significaba que Pablo fabricaba tiendas durante el día y enseñaba el evangelio por la tarde. Quizás sea este el modelo que más líderes de iglesia deberían seguir. Suponemos que la libertad del trabajo secular es el ideal para los ministros, pero Pablo no lo pensaba así. Era importante para él dar ejemplo a los nuevos cristianos sobre cómo ganarse la vida».

Algunos años después de haber instruido a los líderes de la iglesia en Éfeso para que trabajaran con sus propias manos, les escribe de nuevo a través de Timoteo y modifica esta instrucción al introducir la idea del doble honor. La membresía y el liderazgo de la iglesia no deberían permanecer de brazos cruzados y observar cómo las personas se agotan en el ministerio, sobre todo en la enseñanza, además de su trabajo ordinario. La iglesia debe estar preparada para aliviar la presión, total o parcialmente, pagando salarios a aquellos que han ganado el derecho a dicho apoyo por la calidad de su enseñanza y su compromiso con ella.

Por lo tanto, el Nuevo Testamento nos presenta una situación interesantemente compleja. Pablo tenía derecho al apoyo, pero no siempre lo utilizó, y continuó con su trabajo profesional de fabricación de tiendas. No cedió a la división secular-sagrada (SSD). Da instrucciones a los líderes de la iglesia de que lo usen como modelo y que, del mismo modo, trabajen en un empleo remunerado además de enseñar a la iglesia, con la salvedad de que, si hacer ambas cosas resulta cada vez más estresante, y (no, o) si su enseñanza es buena, la iglesia debería remunerarlos para aliviar la presión. Esto creó una tensión saludable: los líderes no esperaban ser pagados, y la iglesia no debía pensar que no tuvieran que serlo.

Ese modelo tiene fortalezas evidentes, ya que resiste a la SSD simplista y no bíblica del tipo: «Eso es trabajo del pastor, se le paga por ello; no es mío, a mí me pagan para ser contable». El resultado neto es que muchas iglesias tienen como miembros a personas dotadas que, por no estar oficialmente «ordenados», no pueden (o no se les permite) ejercer sus dones recibidos de Dios en público; y esto puede llevar, como he observado a menudo, a la frustración, y a veces a que abandonen esa iglesia en busca de otro lugar donde sus dones puedan ser utilizados.

Dicho esto, hay muchas iglesias y organizaciones que reconocen este problema y, por lo tanto, animan a sus miembros con talentos a involucrarse en el ministerio público; y también hay excelentes cursos de corta duración que ayudan a capacitar a las personas precisamente para este tipo de actividad. Sin embargo, algunos líderes de iglesia se quejan de que las personas que ellos consideran que tienen un verdadero potencial pueden responder a cualquier sugerencia en esa dirección diciendo: «A ti te pagan para esto, a mí no». ¡De nuevo la SSD!

Por supuesto, una razón para esta reacción es el concepto extendido y nada bíblico de «trabajo cristiano a tiempo completo» que explicamos con anterioridad.

Para romper este estancamiento, necesitamos transmitir a los creyentes cristianos que es posible, e incluso deseable, tener un trabajo o carrera y de manera *simultánea,* ser maestro, evangelista, pastor, líder juvenil, entre otros, en la iglesia. También es lógico que, si vamos a alcanzar a personas en trabajos «ordinarios» y no tenemos idea de lo que significa hacer dicho trabajo, nuestra credibilidad con esas personas será probablemente muy baja o inexistente.

Si se me permite una referencia personal, he intentado hacer esto toda mi vida. Cuando era mucho más joven, vi este ejemplo en un amigo y mentor, también profesor universitario. Aprendí por su conducta que era posible tener una carrera y, en su caso y en el mío, ser académico y a la vez orador en la defensa intelectual del cristianismo, maestro de la Biblia y autor cristiano. También vi que implicaría una gran inversión de tiempo. Nunca podría haberlo hecho si mi esposa, Sally, y mis hijos, no hubieran estado dispuestos a darme el espacio necesario para estudiar las Escrituras y desarrollar las habilidades que tenía. A menudo me dejaban libre, por ejemplo, para ir una semana a Hungría donde haría matemáticas todo el día, y luego impartiría varias horas de enseñanza bíblica por las noches.

También soy consciente de que en nuestro mundo contemporáneo, en especial en Occidente, la vida está cada vez más presionada. No obstante, sigo convencido de que vale la pena intentar volver a una semblanza de lo que solía ser una práctica bastante común. Es una forma en la que podemos combatir las insidiosas infiltraciones del pensamiento secular en la iglesia.

Quiero alentar encarecidamente a las personas que están empleadas a no dar por sentado que su empleo no es un ministerio, ni a pensar en la imposibilidad de tener un ministerio valioso que se desarrolle en paralelo con su empleo, y que, como el mismo, se puede hacer para el Señor y con su ayuda. No deberían asumir que no pueden ser maestros de la Biblia, predicadores, consejeros, entre otros, simplemente porque Dios los ha llamado a trabajar en una fábrica o en una tienda, o porque están dedicados a una profesión. Más bien, deberían buscar la guía de Dios para descubrir los dones que Él les ha dado y encontrar una esfera en la que poder desarrollar esas habilidades para que no se las pierdan aquellos que podrían beneficiarse de ellas.

Pablo y la Caridad Cristiana

Existe un aspecto adicional de la actitud de Pablo respecto al apoyo material del trabajo cristiano necesario para equilibrar la perspectiva. Hemos visto que no pidió ese apoyo para sí mismo, pero no dudó en pedirlo para otros que veía en necesidad. De hecho, hace un llamado muy fuerte a la iglesia en Corinto, cubriendo dos capítulos enteros (2 Co 8–9), para que hagan una colecta regular, no para Pablo, sino para el trabajo del Señor en general y, en particular, para el alivio de los creyentes más pobres en Jerusalén. La importancia de esta colecta benéfica se observa en que Pablo mismo, en colaboración con algunas iglesias locales, estaba formando un equipo sólido de personas de conocida integridad moral que llevara el dinero para el alivio de los creyentes en Jerusalén. Les recuerda que las iglesias de Macedonia, pobres en comparación con Corinto, ya habían contribuido con mayor generosidad a la causa y así sobre un principio de equidad, los corintios deberían estar dispuestos a hacer lo mismo.

Establece el principio fundamental de la dádiva proporcional en un hermoso pasaje que nos señala la paradójica y enriquecedora pobreza voluntaria del Señor Jesús en su encarnación:

> Ya conocen la gracia de nuestro Señor Jesucristo, quien era rico y por causa de ustedes se hizo pobre, para que mediante su pobreza ustedes llegaran a ser ricos.
>
> Aquí va mi consejo sobre lo que les conviene en este asunto: El año pasado ustedes fueron los primeros no solo en dar, sino también en querer hacerlo. Lleven ahora a feliz término la obra para que, según sus posibilidades, cumplan con lo que de buena gana propusieron. Porque, si uno lo hace de buena voluntad, lo que da es bien recibido según lo que tiene y no según lo que no tiene.
>
> No se trata de que otros encuentren alivio mientras que ustedes sufren escasez; es más bien cuestión de igualdad. En las circunstancias actuales la abundancia de ustedes suplirá lo que ellos necesitan, para que a su vez la abundancia de ellos supla lo que ustedes necesitan. Así habrá igualdad, como está escrito: «Ni al que recogió mucho le sobraba ni al que recogió poco le faltaba». (2 Corintios 8:9-15).

Pablo añade más adelante:

> Cada uno debe dar según lo que haya decidido en su corazón, no de mala gana ni por obligación, porque Dios ama al que da con alegría. Y Dios puede hacer que toda gracia abunde para ustedes,

> de manera que siempre, en toda circunstancia, tengan todo lo necesario y toda buena obra abunde en ustedes. Como está escrito: «Repartió sus bienes entre los pobres; su justicia permanece para siempre». (2 Corintios 9:7-9)

Corinto era una ciudad rica, y Pablo demuestra ser bien consciente de los entresijos de la actividad económica en la manera en que previene el tipo de respuesta que lo habría tachado de soñador, que sabía poco sobre las complejidades del mundo financiero.

Pablo proporciona una ilustración del mundo conocido de la economía agrícola:

> Recuerden esto: El que siembra escasamente, escasamente cosechará, y el que siembra en abundancia, en abundancia cosechará. Cada uno debe dar según lo que haya decidido en su corazón, no de mala gana ni por obligación, porque Dios ama al que da con alegría. Y Dios puede hacer que toda gracia abunde para ustedes, de manera que siempre, en toda circunstancia, tengan todo lo necesario y toda buena obra abunde en ustedes. Como está escrito: «Repartió sus bienes entre los pobres; su justicia permanece para siempre».
>
> El que le suple semilla al que siembra también le suplirá pan para que coma, aumentará los cultivos y hará que ustedes produzcan una abundante cosecha de justicia. Ustedes serán enriquecidos en todo sentido para que en toda ocasión puedan ser generosos, y para que por medio de nosotros la generosidad de ustedes resulte en acciones de gracias a Dios.
>
> Esta ayuda, que es un servicio sagrado, no solo suple las necesidades de los creyentes, sino que también redunda en abundantes acciones de gracias a Dios. En efecto, al recibir esta demostración de servicio, ellos alabarán a Dios por la obediencia con que ustedes acompañan la confesión del evangelio de Cristo y por su generosa solidaridad con ellos y con todos. Además, en las oraciones de ellos por ustedes, expresarán el afecto que les tienen por la sobreabundante gracia que ustedes han recibido de Dios. ¡Gracias a Dios por su don indescriptible! (2 Corintios 9:6-15)

Su primer punto es obvio, al menos, lo sería para cualquier agricultor. Si no siembras (lo suficiente), no cosecharás (lo suficiente). Sin embargo, la idea de que dar para la obra del Señor, por ejemplo, para el alivio de otros cristianos, debe considerarse como *siembra*, puede ser algo que no les ha sucedido a todos. Un agricultor siembra con la esperanza de cosechar, pero esta dádiva era para creyentes pobres que no podían responder en especie. Sin embargo, podían corresponder de otra manera importante. La cosecha que Pablo prevé es de justicia y de agradecimiento a Dios. Es una cosecha moral y espiritual, tanto para el que da como para el que recibe, y Dios es glorificado en el proceso. Los productos secundarios del trabajo se han utilizado para alcanzar el objetivo.

Pablo tiene otra idea que exponer que no habría pasado desapercibida para los trabajadores urbanos en Corinto: «El que le suple semilla al que siembra también le suplirá pan para que coma, aumentará los cultivos y hará que ustedes produzcan una abundante cosecha de justicia. Ustedes serán enriquecidos en todo sentido para que en toda ocasión puedan ser generosos, y para que por medio de nosotros la generosidad de ustedes resulte en acciones de gracias a Dios» (2 Co 9:10-11).

Pablo entiende que, para un agricultor, la semilla representa a la vez ingreso y capital. Si toda la semilla cosechada en un año se vende, no habrá semilla para sembrar el siguiente año y el agricultor se arruinará y quedará él mismo en la indigencia, así como su familia y aquellos que trabajan para él. El problema, para cualquier agricultor, y cualquier sistema que involucre al mismo tiempo capital como trabajo, es: ¿cómo dividir la cosecha? ¿Cuánto almacenar para sembrar, cuánto vender y, cuando lo vendas, cómo dividirlo entre tus necesidades, los salarios de tus trabajadores y cuánto dar a la obra del Señor? Cada persona debe resolverlo por sí misma.

Eso nunca es fácil. Solía pensar que podría resolver este tipo de problema, dividir mi tiempo, mi dinero, mis energías, para cuando tuviera treinta años, y entonces comenzaría a vivir. Un sabio mentor me señaló que estaba equivocado: resolver este tipo de problema es vivir. He descubierto que este cambio de perspectiva es muy útil, ya que quita mucha de la presión, incluso la irritación, de las decisiones desafiantes, aunque no necesariamente las haga mucho más fáciles.

En cuanto a la proporción en la que uno debería dar, en el Antiguo Testamento se prescribía un diezmo para Israel, que se usaba en parte para mantener a los levitas, cuya responsabilidad era el tabernáculo y el servicio a Dios.

En el Nuevo Testamento, el principio fundamental que Pablo establece es: «Cada uno debe dar según lo que haya decidido en su corazón, no de mala gana ni por obligación, porque Dios ama al que da con alegría. Y Dios puede hacer que toda gracia abunde para ustedes, de manera que siempre, en toda circunstancia, tengan todo lo necesario y toda buena obra abunde en ustedes. Como está escrito: "Repartió sus bienes entre los pobres; su justicia permanece para siempre"» (2 Co 9:7-9).

Preguntas

1. ¿Cuáles son los principios bíblicos básicos para apoyar el trabajo del evangelio? ¿Qué papel juegas/deberías jugar en esto?
2. ¿Qué piensas de la idea de tener una carrera o trabajo y al mismo tiempo estar involucrado en la enseñanza de la Biblia y la evangelización? ¿Existen peligros? ¿Ventajas? Discútelos.
3. En tu opinión, ¿cuáles son los principios más importantes de la dádiva cristiana?
4. ¿Cómo determinas una proporción en tu dádiva?

APÉNDICE B: PERCEPCIONES DE LA NEUROCIENCIA

En el capítulo 1 vimos la importancia del ciclo trabajo-descanso en conexión con el Sabbat, que proporcionó una dimensión divina al destacar la importancia de contemplar nuestro trabajo en el contexto de la creación y de la narrativa de la redención. Eso nos proporciona un marco o una visión general en la que encajar los detalles de nuestro trabajo y darle un significado supremo más allá de sí mismo, en otras palabras, una significancia desde la perspectiva del mundo.

Sin embargo, el realismo nos señala que muchas personas, incluidos algunos de nuestros colegas y compañeros de trabajo, no tienen un marco más amplio para su trabajo y sus vidas. De hecho, estoy seguro de que la mayoría de mis lectores serán conscientes de que, contribuyendo al ateísmo dominante en nuestra cultura occidental, algunas voces poderosas niegan dogmáticamente que exista un significado supremo. Uno de ellos fue el fallecido Steven Weinberg, laureado con el Nobel de Física, quien declaró: «Cuanto más parece comprensible el universo, más inútil parece también».[1]

Owen Barfield, filósofo británico, poeta, crítico y uno de los miembros del grupo de intelectuales conocido como los Inklings, que rodeaba a C. S. Lewis, señaló una extraña paradoja: «En medio de todos los signos amenazantes que nos rodean a mediados de este siglo XX, quizás el que llena a las personas reflexivas de mayor temor es el creciente sentido general de falta de significado. Este es el que

[1] Weinberg, Steven, *Los primeros tres minutos*. Barcelona: Ediciones Destino, 1980.

subyace a la mayoría de las demás amenazas. ¿Cómo es que cuanto más capaz se vuelve el hombre de manipular el mundo para su beneficio, menos puede percibir algún significado en él?».[2]

«Manipular el mundo» es una forma de describir gran parte del trabajo que hacen los seres humanos y, por lo tanto, la pregunta de Barfield es importante en el contexto del trabajo.

La incapacidad de percibir algún significado está claramente relacionada con la forma en que prestamos atención al mundo. Como indiqué en el capítulo 2, nuestra manera de prestar atención al mundo es el tema del libro del neurocientífico Iain McGilchrist, *The Matter with Things: Our Brains, Our Delusions and the Unmaking of the World*.[3]

Permíteme recordarte que su investigación se relaciona con que el cerebro humano está compuesto por dos hemisferios que, aunque ambos están involucrados en prácticamente toda la actividad cerebral, existen diferencias importantes entre ellos.[4] Argumenta que hay una asimetría entre ambos hemisferios: el izquierdo enfatiza la aprehensión y el derecho la comprensión, de modo que cada uno presta atención al mundo de una manera diferente y, por lo tanto, da lugar a un tipo diferente de conocimiento, como se ilustra en la siguiente tabla:

El hemisferio izquierdo	El hemisferio derecho
manipula/controla	entiende/confía
categoriza por características	categoriza por Gestalt
conoce las cosas como objetos	conoce a las personas como sujetos
mecanismo	organismo
ritmo simple	música
incidentes aislados	historia
teoría, el mapa	experiencia, el terreno
ciencia, tecnología	las artes, la filosofía, la religión

---

[2] Owen Barfield, *The Rediscovery of Meaning and Other Essays*. Nueva York: M. Evans and Company, 1977, p. 11.

[3] Londres: Perspectiva Press, 2021.

[4] Una presentación útil de sus puntos de vista se encuentra en https://www.youtube.com/watch?v=U99dQrZdVTg.

Aplicando estas ideas al desarrollo de la cultura, McGilchrist argumenta que históricamente, Occidente ha sobreestimado el hemisferio izquierdo a expensas del derecho. Escribe: «Hemos llegado a estar dominados por nuestros hemisferios izquierdos que nos han hipnotizado para pensar que su enfoque mecanicista, reduccionista y manipulador nos proporciona el cuadro completo de la realidad, mientras que nos hemos cegado a la perspectiva integradora, holística y más inteligente que brinda el hemisferio derecho».

La conclusión muy interesante que McGilchrist extrae de su trabajo es que el desarrollo histórico del predominio de la visión reduccionista del mundo, y su oposición al significado y a dar explicaciones, puede definirse por el hecho de que hay una batalla entre los hemisferios, es decir, una batalla solo desde la perspectiva del hemisferio izquierdo, que no puede ser consciente de lo que el hemisferio derecho sabe, cree saberlo todo, por lo tanto, puede actuar solo, aunque en realidad depende más del hemisferio derecho, que a la inversa.

En el capítulo 2, mencionamos lo que sucede cuando el hemisferio izquierdo actúa por su cuenta: «La tendencia del hemisferio izquierdo es a reducir el enfoque de manera tan drástica que no logra ver el panorama general en absoluto y, por lo tanto, no puede detectar que falta algo cuando su imagen empobrecida se convierte en una supuesta representación de todo».

Esta es, sin duda, una respuesta convincente a la paradoja de Barfield, en el sentido de que muestra que cuanto más capaces se han vuelto los seres humanos para manipular el mundo a su favor, menos pueden percibir algún significado en él, porque se han concentrado tanto en el análisis del hemisferio izquierdo, que han llegado a la conclusión (lógicamente incoherente)[5] de que las ciencias naturales nos dicen todo. Puede que no les guste, pero su visión que reduce el universo a una masa de cosas, y los átomos son cosas, es literalmente una visión a medias de la realidad.

El difunto Lord Jonathan Sacks, ex Rabino Principal del Reino Unido y de la Commonwealth, resumió muy bien el trabajo de

[5] Ver mi artículo: *Can Science Explain Everything?*

McGilchrist: «La ciencia descompone las cosas para ver cómo funcionan. La religión une las cosas para ver lo que significan. Sin entrar en detalles neurocientíficos, la primera es una actividad predominantemente del hemisferio izquierdo, la segunda está asociada con el hemisferio derecho».

Esto significa, en general, que nuestra forma de prestar atención al mundo afecta nuestra comprensión de la realidad y nuestro sistema de valores. No podemos escapar del todo a la influencia de la cultura en la que vivimos, pero la neurociencia puede ayudarnos a mantenernos conscientes de las tendencias que debemos buscar, tanto en nosotros mismos como en los demás, para que podamos reconocer lo que está ocurriendo y reaccionar en consecuencia. Si dejamos que domine nuestro hemisferio izquierdo, pensaremos que las cosas importan más que las personas, y si dejamos dominar al derecho, como deberíamos, las personas importarán más que las cosas.

Oliver Schultheiss, psicólogo y neurocientífico de la Universidad de Erlangen-Núremberg, enumera ciertos rasgos que caracterizan el pensamiento del hemisferio izquierdo: «Los individuos que quedan atrapados en un modo de procesamiento de información del hemisferio izquierdo... tienen una mentalidad peculiarmente que se adapta mal... caracterizada... por la distorsión de la realidad a través de la negación de la información que viola las expectativas, una incapacidad para manejar la ambigüedad, una tendencia a tratar a los demás como meras herramientas para el avance de los propios intereses y objetivos, y una profunda falta de empatía».

Es necesario que seamos conscientes de estos rasgos de carácter, ya que muchos de nosotros, si no la mayoría, tendremos que lidiar con personas como estas en nuestro entorno laboral. Por ejemplo, el jefe de Jeff, el electricista, estaba dominado por el hemisferio izquierdo. Solo le interesaba el número de «cosas» eléctricas instaladas en un período de tiempo dado, mientras que a Jeff, como persona de valores, no le importaba en absoluto. Sin embargo, Jeff estaba usando ambas partes de su cerebro: el izquierdo para realizar el cableado detallado bajo el suelo, y el derecho para verificar la calidad ética de su trabajo, en función de su conciencia global de que el Señor lo estaba observando. Jeff dejó que dominara el hemisferio derecho.

Además, incluso podríamos encontrar algunas de las tendencias, enumeradas por Schultheiss, dentro de nosotros mismos que tendremos que combatir para superarlas si vamos a madurar como creyentes cristianos, en el lugar de trabajo y en otros sitios.

El título de McGilchrist, *The Matter with Things* [Lo que pasa con las cosas], dice mucho cuando se toma en conjunto con la enseñanza de Jesús: «Más bien, busquen primeramente el reino de Dios y su justicia, entonces todas estas cosas les serán añadidas». El hemisferio izquierdo está hipnotizado con las cosas. Nos dice que las convirtamos en el objetivo principal en la vida para nuestro trabajo, mientras que Jesús nos instruye a permitir que el hemisferio derecho domine nuestro pensamiento, el hemisferio consciente de Él y de Su reino. Que el cerebro izquierdo no pueda apreciar lo que el derecho está viendo debe tomarse en serio conforme intentamos evaluar lo que nos está ocurriendo cuando el reino de Dios parece desvanecerse a la luz de nuestra preocupación por las cosas. Sí, hay algo muy importante en lo que sucede con las cosas. Cuando Jesús le pidió a Pedro que echara las redes, el hemisferio izquierdo de Pedro tomó nota de los hechos que rodearon la fallida noche de pesca. Su hemisferio derecho tomó nota del mandato de Jesús: dejó que dominara y obedeció.

Debemos notar que McGilchrist rechaza la idea extendida, pero falsa, de que somos solo nuestro cerebro. Afirma con energía: «*No* eres tu cerebro, eres un ser humano vivo…».[6] Desde una perspectiva cristiana, debo señalar que existe una dificultad en su análisis. Su visión dominante del hemisferio izquierdo lo lleva a ser muy sospechoso de una doctrina definida, del tipo que caracteriza una fe cristiana robusta. De hecho, aunque habla de Dios, no es el Dios y Padre de nuestro Señor Jesucristo. McGilchrist afirma que favorece el panteísmo, todo en Dios y Dios en todo, algo que en ocasiones no solo resulta difícil de definir, sino también de diferenciar de un

---

[6] *The Matter with Things*, p. 47. El lector que desee más sobre este tema debería referirse al libro de la científica cerebral Sharon Dirckx: *Am I justmyBrain,* Londres: The Good News Company, 2019.

panteísmo absoluto. Lo cito en el espíritu de Pablo en Atenas, quien citó fuentes paganas como teniendo percepciones correctas «En él vivimos, nos movemos y somos» y «También somos linaje suyo», a pesar de que deja claro que su concepto de Dios es completamente inadecuado y necesita arrepentirse y confiar en el único Dios verdadero, que se ha revelado en la persona de Jesucristo, a quien ha designado como el juez final, al resucitarlo de entre los muertos como un hecho histórico.

BIBLIOGRAFÍA

Tim Chester, *The Busy Christians Guide to Busyness*, Leicester: IVP, 2006.

Ken Costa, *God at Work*, Nashville: W. Publishing Group, 2016.

Mark Greene, *The Great Divide*, Londres: LICC, 2013.

Os Guinness, *The Call*, Nashville: Zondervan, 1998.

Iain McGilchrist, *The Master and His Emissary*, Yale: University Press, 2009.

Iain McGilchrist, *The Matter with Things,* Londres: Perspectiva, 2021.

Marcus Nodder, *City Lives*, Leyland UK: 10 Publishing, 2018.

John Rinehart, *Gospel Patrons*, Reclaimed Publishing, 2013

Dorothy Sayers, *Why Work?* in *Letters to a Diminished Church*, Nashville: W. Publishing Group, 2004.

The Theology of Work Project, https://www.theologyofwork.org. Aquí encontrará una gran cantidad de recursos que vale la pena consultar sobre cuestiones específicas relacionadas con el trabajo.